Present Fresh Wakefulness:
A Meditation Manual on Nonconceptual Wisdom

當下了然智慧

無分別智禪修指南

確吉 · 尼瑪仁波切 | 著
Chökyi Nyima Rinpoche

普 賢 法 譯 小 組 | 中譯 · 校對

目錄

作者簡介

確吉・尼瑪仁波切（Chökyi Nyima Rinpoche）

　　尊貴的確吉・尼瑪仁波切，是當代著名的藏傳佛教上師和禪修大師。他一九五一年出生於西藏，是二十世紀藏傳佛教最為卓著的大圓滿成就者，是被喻為「眾師之師」的至尊祖古・烏金仁波切的長子。確吉・尼瑪仁波切出生後十八個月，被第十六世噶瑪巴認證為噶舉派大成就者——迦竹千大師的轉世，即古印度佛教哲學家龍樹菩薩之化身。

　　確吉・尼瑪仁波切自幼便在第十六世噶瑪巴、第二世敦珠法王、頂果欽哲仁波切、紐修堪仁波切以及父親祖古烏金仁波切等偉大上師的座下學習。一九七六年，年僅二十五歲的確吉・尼瑪仁波切被第十六世噶瑪巴任命為加德滿都噶甯謝珠林寺的住持。自上個世紀七十年代初，確吉・尼瑪仁波切與父親祖古・烏金仁波切一起開始展開全球弘法之旅，蓮足遍及歐美及亞洲等國，為數以萬計的信眾給予大圓滿和大手印的教授與灌頂，以無可比擬的慈悲與智慧，深受弟子

們的崇敬和愛戴。

一九七九年，確吉・尼瑪仁波切創辦讓炯耶喜佛學院，這是專為想要系統學習和修行佛法的國際學生所創立的一所高等教育機構。讓炯耶喜佛學院提供加德滿都大學的學士、碩士和博士學位，所頒發的文憑受到國際廣泛承認。迄今為止，佛學院培養了大量的佛典翻譯專業人才。同時，確吉・尼瑪仁波切還創立讓炯耶喜出版社，並已出版發行數百部當代藏傳佛教大師的論著，特別是有關大手印和大圓滿的著作。

近半個世紀以來，確吉・尼瑪仁波切在管理尼泊爾加德滿都噶寧謝珠林寺、納吉尼寺、帕平阿蘇拉山洞閉關中心的同時，還先後在美國、德國、奧地利、丹麥、英國、俄羅斯、法國、蘇格蘭、烏克蘭、以色列、墨西哥、馬來西亞、越南、加拿大等數十個國家設立禪修閉關中心，令佛法在西方得以廣弘。

確吉・尼瑪仁波切投入畢生精力，致力於弘揚及保存佛法；他擅長以精要、淺顯、幽默的方式，傳授佛法的核心要義、開啟眾生的本然覺性。時至今日，他依然孜孜不倦地往返於世界各地，親自主持佛學講座，帶領指導閉關和禪修，持續不懈地為大眾帶來智慧的啟發。

序言

　　本書內容來自作者 1997 與 1998 年於噶寧謝竹林寺
（Ka-Nying Shedrub Ling Monastery）的兩場研討會、1997
年於納吉尼寺（Nagi Gompa）的閉關指導，與 1998 年於美
國讓炯耶謝貢德（Rangjung Yeshe Gomdé）佛學院的教導。
仁波切在這幾場開示中顯得特別精神奕奕，為出席的我們授
予許多的禪修竅訣，也成為日後這本美妙手冊的基礎。授課
中的某些時刻，仁波切的講授變得極富音韻，譜成了信手拈
來的詩詞。為了捕捉其語言的韻律節奏和抑揚頓挫，並強調
這些教導之深奧，此部分於書中是以偈頌的方式呈現。本書
的教導是由一種不凡氛圍所孕育而成，且教導本身亦使這份
不凡更為深刻，讓我們迫不及待想與讀者分享。

　　非常感謝所有參與此計畫的成員，包括瓊安・拉森
（Joanne Larson）的繕寫，凱瑞・莫芮（Kerry Moran）的編
輯，以及伊恩・紹及（Ian Saude）與丹尼・考費爾（Daniel
Kaufer）的校對。

祈願本書能使珍寶上師確吉・尼瑪仁波切壽命堅固，並令無量眾生迅速覺醒而修習當下了然智慧。

艾瑞克（Erik）與
馬西亞・舒密特（Marcia Schmidt）
美國，萊格特（Leggett, USA）
讓炯耶謝貢德佛學院

1

引導教授

大瑜伽士密勒日巴曾說：「此生不過幻與夢，悲心對待未悟眾」。種種不同的體驗與夢境，都只是我們念頭的幻變展現。**直到我們的念頭盡除且消融之前，業與煩惱永無止盡**。務必了解，念頭本身即是業與煩惱。

人生猶如幻相或夢境。熟睡中、無覺知的我們，夢著各式各樣、有苦有樂的情節。睡夢中，一切都感覺如此真實，儘管夢境與我們平日的體驗沒什麼不同，然而到了夢醒時刻，顯然這一切皆非真實存在。我們在夢裡受到的焦慮、恐懼與擔憂，都是徹徹底底地不真實，但那時卻未能曉得這不過是夢幻一場。唯有當醒來後，我們才發現：「噢！我做了夢。這只是個夢。」甚至會嘲笑那個忘情於夢境的自己。若是做了煩心的夢，我們巴不得醒過來；而若是做了悅人的夢，夢醒時就會感到悵然所失。

我用夢來比喻我們清醒時所認為的實相。一切萬物、我們所有的日常體驗就像夢境，有著如同水中月的虛幻本質。雖然我們偶爾能有些直覺，感覺可能一切真的是夢，但唯有在累積了聞、思、修之後，我們才能完全理解自己的生命經歷正如一場夢境。

　　若要確立諸法（一切萬物）的自性，也可說是諸法的基本狀態，則需要三種不可或缺的智慧。第一種是「聞所成慧」，即檢視、分析並省察自身所學，之後我們就能獲得第二種「思所成慧」。最後則藉由修持，以自身經驗實踐所學而成就第三種的「修所成慧」。以此三種智慧，我們就能讓迷惑之因徹底止息。

　　一切所見、一切體驗，都是因為眾多因緣和合而顯現，沒有任何事物是獨立實存的。諸法皆為「無基且無根」，同時又因緣起相依而顯現。雖然這一點千真萬確，但佛陀並未立即給予闡釋。具有大智、大悲與大力的佛陀，為了讓眾生實際了解教導因此以漸進的次第說法。能瞬間掌握萬物自性之人甚為鮮少，所以佛陀接連以三轉法輪 ❶ 來宣說教導。初轉法輪的教導重點是「四聖諦」。二轉法輪則著重「無相」（諸法無自性），此正是「空性」的同義詞。三轉法輪則完

編按：○為原註；● 為譯註。

❶ 三轉法輪又名「四諦法輪」、「無相法輪」、「善辯法輪」。初轉以《阿含經》講述四聖諦、二轉以《般若經》講授般若空性，強調諸法無有自性；三轉則以《解深密經》闡釋三性三無性。

全揭示諸法自性，稱為「全然揭顯」。初轉法輪的教導相當清楚，二轉法輪尤甚，三轉法輪則更是極其清晰！

佛陀三轉法輪

簡言之，佛陀在初轉法輪所傳達的是，有二元心之人勢必受苦。二元心討好我執並造業，並有著憂、苦、希、懼。痛苦似乎已植於二元心之中。苦的種類雖然難以計數，但可總集為三種類型：「壞苦」(變異之苦)、「苦苦」(於不悅之上再加不悅的雙重痛苦)，與「行苦」(受制因緣的遍行之苦)。這些苦相當實際而不單只是哲學，我們在自己的人生中會體驗到、也的確體驗到痛苦、不安、焦慮，與憂懼。如此的二元心隨時隨地都可能變得心煩意亂。任何無論是宜人或惱人的五官感知、回憶或期待，總是能干擾我們。除此之外，尚有一種我們永遠無法逃離的苦，那就是死亡。

苦，並不表示生命令人持續受苦或是一切都令人厭惡。苦，說的是快樂或喜悅無法長久，無法永恆，而且無法完美。就算一切看來美好，我們已得償所願，但仍會擔心想著：「這會不會結束？會不會有缺憾？我是不是要失去這些了？」

喜悅與憂慮交織成了不完美。「我會不會失去這份快樂？」「我能不能還有更大的快樂？」如此的憂懼破壞了喜悅。

這三種苦並不難以理解。首先是「壞苦」；其次的「苦苦」單純是指苦本身令人不快樂，而且這樣的不快樂還可能加重，讓事情變得更糟；第三是「行苦」，比起只是單純遭受傷害，行苦則更為細微，而且這樣的苦遍及萬物。舉例來說，若我們被荊棘刺傷了皮膚，立即會感到痛苦。要讓這血肉之軀受傷，其實不必花什麼功夫，甚至可說是相當容易。即使只是個難聞的氣味，都足以破壞我們的平靜。若是有特殊的香氣，我們的心也會有些許紛亂。我們當下二元的狀態中總帶有一種易變不定的特質，甚至比幼童還善變。

我們都同意苦的確存在，這樣的「知苦」就是起始點。第二點是要了解苦並非無因而生，乃其來有自。我們受苦的原因是業與煩惱，而「相信有我」，正是驅動業與煩惱的力量。顯而易見地，要解決這個難題只有一個方法：了悟「無我」。總而言之，佛陀初轉法輪的精義即是要了悟無我。

我們對「自己」、「我」的概念極為強烈，甚至視為理所當然，然而這卻是錯謬的。為了要推翻有「我」存在的錯

覺，我們必須對其探究，並歸結出沒有真實自我存在的事實。之後，則要修習而安住於心中不持自我概念的平等捨，而處於無我之境地。這將解決所有的問題，好比從樹根砍樹：所有枝幹與花葉都將同時枯萎。如此消融我執並獲得穩固的了悟「無我」之智，即是對自由、解脫與最勝寂靜的另一種敘述。這一點極為甚深且真實不虛。

佛陀二轉法輪有更加深入的教導，提到了不僅自我，連諸法也都為空且缺乏真實存在。於教導般若波羅蜜多的經典《般若八千頌》中，對此觀點有極為清晰的闡明。佛陀以超乎想像的詳盡方式宣說空性，也許凡夫難以領會全數的經典與論釋，我們也沒有足夠的智慧與精進來研讀所有的佛陀教言。因此，往昔印度的大師們編纂論典，將佛陀教言的要點匯聚為篇幅短小的典籍，有些甚至不過數頁之長。

佛陀二轉法輪的部分精粹教言，可見於龍樹所創中觀派的思辨論典裡。中觀派認為，從色蘊乃至遍智佛果的一切諸法，皆為空且超越戲論。若能實際運用這個觀點，將能使心安住於空性，同時離於我們種種先入為主的分別念，讓我們行於法道直至菩提。

　　法道是由智慧與方便結合而成。所謂的無上智慧是指甚深空性的智慧，也就是第六波羅蜜多，名爲出世慧。最勝方便則是前五度波羅蜜多的內容，包括：布施、持戒、安忍、精進，與禪定，且每一度皆由第六度的甚深空性所涵攝。而智慧與方便之雙運即是二轉法輪的心要與精髓，二轉法輪即是教導「無相」的中階教言。

　　於三轉法輪時，佛陀的闡述更爲清晰。那就是：從色蘊乃至遍智佛果的諸法不僅非實有，皆爲空且離戲；此外，諸法亦爲光明。

　　三轉法輪的教言是爲更加睿智且勇敢的眾生所宣講的。初次聽到光明這樣的字眼，弟子也許會想：「這究竟在說些什麼？好像很神祕！」乍聽之下，二轉法輪的教導比三轉法輪更容易了解，初轉法輪又比二轉法輪易懂。從色蘊乃至佛果之諸法皆爲空，雖然這樣的說法並非完全難以明白，但初轉法輪的教導的確更好理解。「自我」是苦的創造者，證悟之心即是無我。這相當合理，了解這一點也有很大的幫助。

　　三轉法輪是最後的教導，也是密續法教的內容。經典中將密續分爲父續、母續、無二續的不同類別。金剛乘也被稱

爲「**密咒金剛乘**」，是「以果爲道」之法乘（又稱果乘）。
金剛乘的修行者必須有初轉法輪與二轉法輪的穩固基礎，而
不是僅單獨修持金剛乘的法教。

　　修持金剛乘的首要基礎是「知苦」。我們必須先厭倦
「苦」，才會想要了悟無我，尋求解脫。在更深層的意義上，
我們體驗到色蘊乃至遍智佛果之諸法皆爲空、離戲，且非實
有。而現在於金剛乘中，我們更體悟到諸法皆具光明自性。
倘若對於教導只有智識上的了解，僅是學習而無實修，就很
難了解這一點。從古至今，關於光明自性的諍論從未間斷。

　　密續的觀點被形容爲「**完全淨妙之空性、不變之大樂、
遍攝輪涅之本智**」，此即是三轉法輪的內容。而這樣遍攝輪
迴與涅槃的本智❷（*本初智*），目前在何處？不變大樂又在
何處？它的自性在哪？完全淨妙之空性又在哪裡呢？這些
我們都本自具足，此時此刻就已存在於我們自心之中，無須
在地、水、火、風、空當中尋找。此刻當下，我們能夠了

---

❷對照英譯者 Erik Pema Kunsang 所編之 Rangjung Yeshe 藏英詞彙維基（以
　下簡稱 RYW），取藏文字義而將 original wakefulness（gdod ma'i ye shes）
　譯爲「本初智」或「本智」。

知、能夠體驗，不是嗎？這就是心，心即是這份了知。儘管好像有一位能知者，但我們察看時又找不著。它猶如虛空，無可尋覓。所謂的有形「虛空」具備了容納的能力。而「廣闊」這一詞本身即有開闊與容納之意。

心是什麼？

若是一個實體、有形的事物，我們會覺得它應該有個名稱，因此我們幫它貼上個名字。而若是寬闊開敞的事物，即使不是實體、也非由物質組成，我們還是會為它取名。前者的情形是因為我們能夠為某件事物取名，而後者則是那裡什麼都沒有，空無一物，我們也為其取名。在後者的例子中，雖沒有事物卻仍在作用，是可被指出但同時也無法被指出的。我們究竟要如何認出虛空？它不可見、不可聽、不可嗅，也不可觸。它非地、非水、非火、非風，而它仍然有容納萬物的作用，這就是虛空的特徵。因此，若想正面敘述虛空而說它是這樣與那樣，你可以如此做；若想反面描述虛空而說它非此也非彼，也是可以的。這就好像要描述「能知者」、「心」一般：如果你想要，認為心可以被指出，便可

說它是這樣和那樣。但若你想要，也可說心是完全無法被指出的。這些僅是觀點的差異。

回到密續的觀點。所謂「**完全淨妙之空性，爲不變之大樂、遍攝輪涅之本智**」，這就在我們心的自性之中。因爲我們的自性已包含這些功德，因此名爲「佛性」。佛性的字義是「善逝之精華」。若要直接證明我們具有佛性，我們並非只能靠憑空假設。見到煙，我們就可推論有火，煙由火而生。同樣地，無論是多麼罪大惡極的人，都有自己珍愛的對象。這也說明慈愛仍時時存在於此人之中。相同地，無論是何等愚者，每個人多少都有些智慧，能辨別何者有利、何者有弊，仍有抉擇的能力。即使是極其自私之人也都仍擁有智力。每個人都有才能，也就是說，這是人人與生俱來的功德，已存在於眾生心中。這些功德也許十分有限，也許仍有阻滯，但我們都具有這些關愛、了知、通達的功德。

此外，我們也能了知自己的心並非實有。空性的智慧就在我們手中。若能讓自己的心於某些片刻不受干擾，不被喜歡或厭惡所縛，我們將能感受到一些安好，一種無拘無束的自在。此時也許還稱不上「不變之大樂」，但我們每個人都

可擁有如此的感受。我們體驗到的空性也許尚未完全成熟，尚未臻至「完全淨妙」，也未圓滿「遍攝輪涅之本智」。這些功德似乎受到封印、阻障而無法展現。佛陀教言將這些阻障稱為染垢（遮障），故而我們此刻的自性被稱為「未離垢真如」（未離於染垢的真如）。

眞如染垢爲眾生，眞如離垢即是佛。障蔽眞如的就是煩惱障與所知障，能淨除煩惱障的則是六度波羅蜜多、慈心，以及悲心。尤其空正見（空性之正見）能完全淨除煩惱障。而另一方面，若要消融、遠離並徹底淨除所知障，則要困難得多。唯有當下了然的智慧才能徹底消融所知障，而如此的智慧是指對一切毫無分別、不執著「能、所、行」（作者、受者、所作行為）三輪的本智。所知障是指分別三輪，而三輪無分別的本智即能淨除所知障。

二障清淨之際，二智即能現前，而此二智是我們本來就有的。二智分別是了知諸法爲空、離戲、非實有的「如所有智」（如實了知事物自性的智慧），以及「盡所有智」（觀待一切存有的智慧）。一旦圓滿了二智，法身與色身二身即能顯現。法身超越一切戲論，而有形的色身則包含報身與化身

兩種。

　　一旦能認出**無我智**（了悟無我之智慧），也就是了悟一切諸法離戲且體性爲空（空分），以此實修並獲得穩固者，即名爲「佛陀」。藏文中的佛陀稱爲「桑傑」（sang gye）。「桑」（sang）是清淨之意，「傑」（gye）則代表圓滿。佛陀清淨了二障與二障所生之習氣，同時圓滿了二智。如此之佛，對自性已獲得確信並戰勝所有妄念，盡除了一切迷惑、煩惱與業。然而，直至徹底了悟三轉法輪所說的光明自性、空性或本智之前，我們仍尚未成就眞實的圓滿佛果。少了這些，圓滿證悟功德便無法展現，而二智即含括於圓滿證悟功德之中。

　　再次說明，二智是了悟諸法爲空、離戲且無實有的「如所有智」，以及「盡所有智」。佛可於須臾間了知諸法如何由緣起相依顯現爲表象，同時亦可了知眾生如何將諸法誤執爲實，且這些謬見如何於過去生起、如何於現在生起、如何於未來消融，也了知諸法之因果。這就是所謂的「盡所有智」。

　　妄念之根本即是我執，執持有「我」的念頭。妄念源自

於未能了知諸法自性爲空且無實有，妄念也來自於未能認出諸法之光明自性。一旦了悟自我非實有，且不再緊抓自我，我們將自然且自發地了解到其他一切事物也爲空且無實質存在。因此，二轉法輪的中階教導較初轉法輪更爲深妙。不僅心非實有，諸法也自性爲空。所謂無明與迷惑，即是不明了諸法自性爲空。同樣地，三轉法輪的觀點也比二轉法輪更爲深奧，萬法不僅爲空且離戲，更是有著無量功德的完全淨妙。

　　聽聞佛陀講述諸法實相爲何的教言時，我們自己將能有些體悟，確實會感覺：「噢！沒錯！就是這樣。」從而生起一些信心。佛法中，尤其是竅訣，明確闡釋了何爲謬見以及將之轉變的方法。這就直接命中要點。

　　我們或許學習佛法，或許思惟佛法，但最爲重要的是我們必須修持佛法，盡快以「無修之最上修」❸來實修。切莫想：「我之後就會修持。」這樣的心態只會永無開始之日：

---

❸ 參見《恆河大手印》：「請安住於無可禪修境！證『無所得』即證大印也。」敦珠貝瑪南嘉由藏文中譯，以下同。

白白蹉跎了光陰。時間不會為我們等待。最究竟的修持是「無散亂之無修」❹，它能斷除迷惑之根本，亦能徹底且永遠地斷除所有的業、煩惱與習氣。

　　我們必須從一些方法與技巧開始著手，才能引領我們臻至究竟。其中最好的方法當然就是「無勤作」，但我們無法講授、無法追尋「無勤」。即使努力也不可得，尤其當自己越想要努力，我們越無法自然變得無勤，無勤似乎沒辦法自然地發生。但實際上，只要我們單純處於非二元的狀態下，迷惑的體驗此時即能崩解。然而，對大部分人來說，目前的日常體驗時時刻刻皆受制於因緣，我們現在的習慣主要也來自於刻意勤作。因此我們毫無選擇，必須利用自己刻意勤作的習氣來達到無勤。一旦我們能熟諳勤作的禪修，就能躍進至無勤的境地。

　　本書中，我會從有相的禪修開始，解說各種可以成就無分別、當下、了然本智的方法。部分的主題會以快速概論來說明，若是尚未讀過我其他著作的讀者，建議最好能先熟悉

---

❹ 參見《恆河大手印》：「若無散亂即是禪修王」。

那些講授。《大手印大圓滿雙運》（*The Union of Mahamudra and Dzogchen*）與《生命的實相：以四法印契入金剛乘的本覺修持》（*Indisputable Truth*）當中有許多詳盡的教導。因此，我想在此就不需重複講述之前談過的內容。

2

修道之人

我們生命之中的最大善行，莫過於為利益無邊無量的有情眾生而服務。因此，請生起如此的殊勝發心：「我將學習並實修佛法，令一切有情眾生立於不退之無上圓滿菩提位。我將以此發心而聞、思、修。」

　　眾生無盡，其痛苦亦無盡。眾生的所有痛苦，都來自其惡業與煩惱。只要眾生還持續因煩惱而造業，永恆的快樂終不可得。直到分別執著與由此所生的習氣都止息了，才可能得到恆常的快樂。若要徹底終結分別執著與習氣，唯一的方法即是修持殊勝佛法。

　　這就好像我們正因患病而苦，佛法為良藥、上師為醫生，而實踐教導則有如依循能治癒我們的醫囑。六道中的所有眾生，都因自己煩惱與惡業所造的妄念體驗，承受著巨大的痛苦與不幸。我們必須盡除這一切，必須從疾病中康復，否則輪迴將永無止盡。我們由於無明的緣故，讓自己沉溺於我執❶裡，因此一次又一次地傷害他人。這就是我們罹患的

---

❶對照 RYW，取藏文原意而將 self emotion、selfishness 譯為「我執」；emotion 譯為「煩惱」或「情緒」；conceptual state of mind 譯為「分別心」、conceptual attitude 譯為「分別念」。

疾病。為了不再患病，我們就得找到解藥。

用佛法對治我執

　　對治這個自私病症的解藥，即是真實不虛且無欺的殊勝佛法。概略來說，任何智慧都可說是佛法。但在此教導中，佛法是指可作為我執解藥的智慧，也可說佛法是圓滿的法。無論是執著有「我」的存在，或是隨之而來的種種煩惱，這些都能以佛法斷除。

　　坦白說，殊勝佛法僅只是為迷惑的我們〔說明〕諸法的樣貌，也就是**諸法的實相**。而佛法的根本定義是「無欺」，它超越了迷惑。而若要達到無欺，應當始於學習、繼以思惟，之後則要離於迷惑而修持。藉由如此的修習，我們就能徹底清淨一切迷妄的體驗。

　　如此殊勝佛法的導師，即是當今賢劫千佛中的第四佛釋迦牟尼佛。過去諸佛曾教導殊勝佛法，未來也有無量諸佛將說法。離於顛倒妄想的諸佛，宣說的是相應諸法實相之法。

　　教導提到，佛陀就像是我們自己與所有眾生的摯親，而我們甚至並不認識這位親人。對佛陀來說，其他眾生是否喜

愛他、尊敬他並不重要。來自證悟境地的慈愛，是涵納一切眾生、超越所有偏見的。佛陀功德不可思議，無法以凡俗的概念度量。佛行事業代表著證悟境地，這正是佛之意。佛之語即是教言，具有斷、證（斷除與了證）的殊勝功德。在佛陀展現的各類神變當中，最爲奇妙的即是可消融種種虛妄體驗並徹底消滅業與煩惱的佛法。殊勝佛法能在我們心中增長，並顯現慈心、悲心與洞見的最勝功德。同樣令人難以置信，也可說是奇蹟的是，直至今日我們甚至仍能領受教導。

總括而言，透過證悟之佛的教導，可斷除一切過失、體現一切善德。我們所需要的，實在沒有比這個更上乘的；我們所能達到的，也沒有比這個更高等的。殊勝佛法展現的最大奇蹟，是永遠讓我執徹底止息，讓種種的虛妄體驗消融或平息。這正是殊勝佛法的能耐所在。

如前所述，直到我們的念頭消融止滅之前，業與煩惱都不會結束。無論是貪、瞋、癡，都是爲我們帶來龐大痛苦與麻煩的負面念頭。或者可以說，我們把貪、瞋、癡，或愚昧等種種壞習慣當成自己的「第二天性」。若這些習氣在內心滋長，它們將生生世世川流不息。這些更加強烈的想法將推

動再次的投生，而產生了投生地獄、餓鬼與畜生道的眾生處境。因此，爲了現下與永恆的利益，我們必須改變自己的心，不再憤怒、貪著或愚癡。

　　若你是不相信有來世存在的人，現在或許會感到好笑，但我們也可以看看現在的人們。有些人總是習慣挑釁好鬥、自私自利且無禮待人，非常難以相處。其實，他們即使和自己相處也不快樂！而若是其他和善、無私且樂心助人者，與他們相處就令人愉快得多。由此可知，帶著我執習慣的人，他們讓自己不愉快，也讓他人不開心。這不是再清楚不過了嗎？

　　此外，原本心地善良且慈愛之人，是否可能變成不良的友伴？若受到他人影響，他們也會產生不良習性，變成惡人而做出傷害他人之事。可曾見過這樣的例子？

　　相反地，我們也見過那些原本自私自滿、力求己福、執著且令人厭惡者，以言行傷害其他人。這樣的人若藉由聞、思、修而增長智慧，在智慧的影響下，他們便能改變自己的行持，說話變得自在且沉靜，〔態度〕變得溫和、仁慈且樂於助人。

從這些例子可知，我們能藉由串習而變成某些樣子。然而，若要變得自私，則比仁慈要簡單得多，我們無須學習就能自私自利！然而，若要變得良善、溫和、助人且仁慈，則必須經過學習與修持。屈服於貪、瞋、癡等凡俗念頭者，名為凡夫；經聞、思、修增長體悟並改變生活之道，言行更加自在、溫和、體貼者，則名為修行者，即修道之人。

　　更甚者，已徹底止息且消融一切我執者，即名為佛。然而，所謂的佛不僅是清淨了這些我執。不再關注自我之際，勝妙的「如所有智」與「盡所有智」也將隨之生起。因此所謂的佛不僅是清淨的，也是圓滿的。身而為人的我們，為自己的生活訂定計畫並努力追求目標。商人努力獲利賺取金錢、軍人努力贏得勝仗、科學家努力解開宇宙或某些獨特知識領域的奧秘。而佛教中，我們要努力達成的目標則是成為清淨且圓滿的人，也就是佛。如此的成就即是佛果。然而，這個成就無法由我們獨自努力而達成。佛果無法仰賴奮鬥、聰明，或努力搞懂所有可知之事來達成。**佛果離於分別念之網**。所有的理解與探索，所有的智巧，都仍屬於分別念的織網。然而，自性卻是超越了分別念、超越了思惟之網，我們

無法藉由思惟來了知本然自性。簡言之，**無分別智 ❷ 即是證悟境地**。

　　無法以念頭發掘或體悟無分別智；由聞、思所獲得的理解，並不足以了悟此究竟境地，我們還需要其他方法。我們必須了悟離於二障之二智，此即名為佛果。佛果的了悟，必須由結合聞、思、修三者來獲得，我們無法單單以敏銳的智識了悟佛果。只由聞、思獲得的理解仍然不夠，但我們能從立基於聞、思所得理解的禪修獲得智慧，此即是證悟之道。

　　另一方面，離於二障且圓滿二智的佛果，卻也是困難又遙遠的。舉例來說，動物要獲得證悟絕非易事。而根據佛陀教言，還有地獄、餓鬼、阿修羅和天人等各界眾生的存在，但因我們看不見，也許會認為他們並不存在。

　　有些人在生命中承受極大的痛苦，他們或許像畜生道的眾生一般愚痴，或像地獄道的眾生一樣充滿忿恨。對這些人

---

❷ 對照 RYW，取藏文原意而將 Thought-free wakefulness（藏文 mi rtog pa'i ye shes）譯為「無分別智」、「無分別念之智慧」。請讀者注意，本書中的「無分別念」（thought-free）有別於「無念頭」（thoughtless），詳見第十三章。

來說，想要努力脫離二障是極為困難的，他們其實沒有這樣的機會。但即使是在較具福報的人道當中，對於脫離二障並了悟二智有興趣的人也極其稀少。相較其他道的眾生，人道眾生因為更適於聞、思、修，其實有著最大的成佛機會。人道眾生已然具足能力，但卻鮮有希求佛果者。

　　至於那些實踐聞、思、修的少數行者，仍會遭遇許多阻礙。總有千百種理由讓我們覺得沒有時間！對我們來說，最大的阻礙即是散亂、自我洩氣和怠惰。我們並沒有這樣說出來，當然也沒有對自己承認這一點，反而說：「我有工作要做，所以時間不夠。我有家庭、有老小需要照顧，所以我很忙碌。」當然，這些責任的確會讓我們忙碌，但並沒有這麼忙！我們之所以忙碌，是因為一直忙著注意各式各樣的所見、所聽、所嗅、所嚐等，舉凡我們能想到的一切皆然。是這些讓我們忙碌。又或者我們只是懶惰，或是認定了自己無法修持。

　　對大多數人來說，成佛似乎非常遙遠。擁有人身的我們，以理所當然的忙碌為自己製造了大量的艱難。否則，平心而論，如果我們能真正投入修持，證悟並沒有那麼困難。

而此刻，我們有寶貴的機會得以身而為人。我們已擁有如來藏，亦即佛性。我們有機會遇見修道導師，或甚至已經得遇導師，能夠領受竅訣。我們還需要做的即是實踐教導。當我們運用竅訣並實修，一切將不再那麼困難——唯一剩下的就是成佛！

這好比烹飪。料理有其難度，得做好許多準備。尤其若想吃些像是法國菜等的上好菜餚，就需要許多特別且珍貴的材料。料理的真正過程也要花費許多時間，即使是善巧的廚師也得費勁，煮菜並不是簡單的事。而一旦食物料理完成且上菜之後，只剩下一件事要做，那就是把它吃了。若無人享用食物，這些努力不過是白花力氣。食物並不是為了展示，而是用來吃的。我們享用食物時，料理的辛勞就不會白費。相同地，我們聽聞了教導、學習了如何修持，之後真正要做的即是實修。學習與思惟教導之後，真正的任務是要以實修運用教導。有了聞、思、修，獲得佛果就不會那麼困難，我們只需要努力實踐。

在此還要提到一個難點。人們非常忙碌，所以我們會把修持當成副業而非主要目標，又或者更像是個嗜好，但其實

連真正的嗜好都稱不上。我認識一些把嗜好當成大事的西方人，他們認真看待自己的嗜好。例如像打高爾夫球！有些人為了名利打高爾夫，有些則是為了樂趣。他們從早打到晚，這已經不是嗜好，反而更像是工作。他們一早起床後，吃完早餐就開始打球。用過午餐後，也打高爾夫。他們的生活就是吃、睡，與高爾夫，為高爾夫投注許多心力。若我們這些修行人也能如此每年精進修持，一定會很快獲得解脫。可惜的是，沒有多少人會像這些認真的高爾夫愛好者一樣精進修持。

清晨醒來直至夜晚入睡前，以大憤大念精進不懈。時時刻刻都應注意，每當出現任何自我的誘因，或煩惱引起的散亂，應有所作為並改善這些狀況。運用一些對治，無論是什麼方法，只要有效的都能派上用場。若是智識上的學習和思惟有幫助，就照做；若禮拜、供養或其他種種威儀有效，就照做；而如果淨罪集資的修持有效，也如此做；或是**生起次第、持咒，和圓滿次第**等修持皆然。只要是能減少自私、煩惱和愚癡的各種修持，無論法門的高低，從早到晚我們都要分分秒秒實踐教導，如此即是真正的修行者；而對這樣的行

者來說，邁向證悟就不再那樣困難。

　　減少了多少煩惱，同時就能增長多少證悟功德。猶如烏雲消失之際，陽光將隨之增強。陽光其實從未改變過，只因雲朵存在與否，陽光才看似有所增減。就像這樣，想著並感受著一切情緒念頭的心，其究竟本質就是心性，而心性宛如太陽，它從未改變。自本初以來，證悟功德已圓滿具足我們的根本自性之中。而同時，雖然我們擁有本自圓滿的自性，但這些功德受到二障的雲朵障蔽而無法展現。以我們來說，儘管二障垢染尚未清淨，但這些垢染是**可以被清淨的**。垢染就如雲朵，它只是暫時存在，也和雲朵一樣可以消失。倘若雲與太陽無可分別，就不可能有清澈的天空。但雲並非太陽的一部分，雲僅是暫時存在而且是可以消失的。

　　我們的現狀就如同雲朵與天空的例子，這也是佛教見地的特點之一。所有眾生本質上即是佛，一切有情眾生都有成佛的潛藏力。**一切有情皆具有已全然證悟之自性**，因爲了知者或思惟者的體性（本質），已是無分別智的境地。

　　二元執取的念頭則猶如雲層，覆蓋了如日一般的無分別智。若要感受我們眞實自性的純然光輝，就必須淨除各種覆

蓋自性的不同業障、煩惱障和習氣障。而這其中的要訣不過就是：**我們需要離於自己的念頭。**

是分別念垢染了我們的自性，也是分別念引發了一切煩惱。輪迴、煩惱與業的所有一切，都來自我們的分別念。還記得清淨圓滿的佛嗎？「清淨」是指淨除或消融我們的念頭；「圓滿」則是指圓滿了「如所有智」與「盡所有智」。為了要了悟如此清淨圓滿的境地，我們必須了解如何以聞、思為基礎而修習禪修。

寂止與勝觀

所有關於禪修的教導都可濃縮為「寂止」、「勝觀」與「慈悲」三類，這三種修持能克服各種我執。而若要調伏這顆粗鄙的心，與貪著、瞋忿、愚痴、我慢與疑妒等各種自私情緒，最好的方法即是空性智慧。**「寂止」乃了悟空性的預備法。**於靜默之中修持的寂止（奢摩他），能夠對治我執、念頭，以及這個時時忙碌不安的心。寂止是一種簡單的修持，可減少我們這顆粗鄙心的種種惱人表象。修持寂止能減少唯求己利的態度，當我們的心平靜時，這種態度將不再明

顯，甚至消失。但只有寂止還不夠，僅僅只是保持平靜仍不能根除我執，我執尚未被斬草除根。還有什麼是必要的呢？我們還需要「**勝觀**」（毗婆舍那）。然而，如果勝觀是真正的精要，你也許會懷疑，佛陀為何不打從一開始就講授勝觀？「為何不從一開始就給最好的方法呢？」也許會想「還要等什麼？」這其實有個單純的理由。因為我們的心有相當強烈的慣性，總是對不同事物有著迎拒的念頭和感受。若立即教導與習氣完全相反的勝觀，我們只會難以理解，更無法實修。因此，佛陀首先教導我們如何放鬆，如何讓自己的心平靜。

若要與他人化解嚴重紛爭，先冷靜下來再做討論，不是比較好嗎？西方人會說：「讓我靜一靜！」不也是讓心平靜的一種方法？心靜，就更能夠與人協調。倘若自己正火冒三丈，這時候勢必難以溝通。由此看來，當我們說：「讓我靜一靜！」，也可算是一種寂止的修持。

如果我們讓自己像在修持寂止時一樣簡單地保持平靜，就能讓自己的強烈情緒冷靜下來，直到最後完全消失，甚至不會再出現。傳統上有許多教導寂止（寂靜與安止）的

不同方法，包含有所緣禪修（心中持有對境），與無所緣禪修（心中不持對境）。如果不須特定的專注對境，即能讓心安住，也就是安住於完全無所緣的狀態中，這樣當然比較好。但若是不容易做到，一開始可以先將自己的專注力置於一個特定對境上而逐漸串習，最後就能放下對所緣境的專注而修持。

讓心專注是一種保持不渙散的方法。把所緣境做為禪修所依，當你專注於某個對境時，就不會心思散亂而想著成千上萬的事。禪修的對境不需要特別的美麗或莊嚴，一顆小石子或大石頭都很好，或者也可以將呼吸的出入息當作對境。實修時，有時你會突然發現自己已經分心想著其他事。一旦覺察到這個情形，立即讓自己的專注力回到對境上，這就是實修的方法。

一樣米養百樣人，不同的人有不同的特質。對有些人來說，以大石頭或小石子禪修較為有效，有些人則覺得簡單地跟著出入息來禪修較為容易。因為我們總是在呼吸，也自然而然地必須保持呼吸，所以傳統上對大多數人而言，以呼吸作為禪修的對境較為有效。「呼吸」是中立的，它是中性的

概念。呼吸時你無須為此欣喜，也不會因而沮喪。呼吸是自行發生的，我們唯一需要做的就是專注。你不必刻意保持呼吸，只要在吸氣時，感覺氣息從鼻子流入。你也不必一直憋氣，或是永遠地憋氣，而是必須再次吐氣，需要把氣吐出去。同樣地，你也〔在吐氣時〕注意到自己的吐氣。呼吸並不是什麼你必須去做或得控制的事，你只需對它留意即可。若你能長時間專注於出入息，而同時心中沒有其他雜念，此時就會感到一種隨之而來的平靜，這即是所謂的「成就寂止」（成就奢摩他）。

　　逐漸熟諳寂止修持的行者，個性也會有明顯轉變，可說是變得更為沉靜。人生的各種時刻中，都可感受到修持寂止的效益。這類修行者會有一種**安定**，更為溫和且自在。修持寂止有許多益處，心越平靜，越不會陷於我執之中。

　　在此我們先從專注於自己的出入息開始修持。無論要進行何種修持，我們都應先從皈依與發菩提心的念誦開始——這對任何修持而言都是最殊勝的前行。接著進入正行寂止的修持，修持寂止的意思是簡單保持自在，讓身心都徹底放鬆。不必想著過去與未來，只要以無分別智來留意自己的出

入息，其他什麼都不必做。

如此修持一陣子而變得放鬆平靜後，心仍然有個依附的目標，也就是還有專注的對境。下一步即是要放下對境，在沒有依憑的專注當中安住，此即是從有所緣轉為無所緣的寂止修持。

三乘的所有法教都提到寂止與勝觀，雖然是一樣的名相，但在三乘中代表的含義則稍有差異。從較高乘別的觀點來看，佛法一般所教導的勝觀，其實是指形式較為細微的寂止。舉例來說，「四念處」的教導中提到的「伺」或「伺察」即是細微形式的寂止。這種情形稱為「詞同義深」（用詞相同但含義更深）。

慈悲心，是另一種能加速了悟空性的方法。菩提心可分為世俗菩提心與勝義菩提心，慈悲心則屬於世俗菩提心。當我們更加實踐慈悲，同時更精進修持寂止，就會有更多了悟勝義菩提心的可能，這也就是了悟「具大悲精藏的空性」（空性大悲藏）。透過修持世俗菩提心，對大悲空性的了悟就能逐漸增長，且如此的了悟是任運無勤的。

弟子：能否請仁波切稍微解釋有所緣相（有相）的禪修？

仁波切：就像我剛剛提過的，寂止是保持寂靜與安止的修持。這和我們心的一般狀態非常不同，我們的心一直被起伏不定的煩惱念頭干擾，必須使其止息，而修持寂止就能讓這些情緒波浪平靜。有許多修持寂止的方法，但都可含括為有相寂止與無相寂止這兩種類型。

若要修持有相寂止，剛開始可在自己能夠舒適觀看的角度前方，擺上一顆小石頭或一根棒子。只要簡單地看著它，同時不對它生起許多念頭或研究它究竟是什麼。僅只是讓專注力置於其上而作為禪修的所緣境，好讓你不去想其他事。只要像這樣簡單地做，不需要研究那顆小石頭或圓石塊是否有特別之處。先前提過的另一種所緣境是呼吸的自然出入息，這個方法也是中立的，可以讓我們心思平靜、保持專注。

當我們的注意力因修持寂止而變得更為安定平靜時，就越容易引介勝觀的修持，也就是無分別智的明朗照見，而這正是寂止之所以如此重要的原因。藏傳佛教新譯派傳承的教

導提到，最好的狀況下，一開始行者必須修持寂止一年。次佳的狀況則是修持寂止六個月，最少也要修持三個月，以上是禪修指導手冊中的說法。教導也同時提到，首先要熟諳如何安住於靜定、安住於寂止。下一步則需善巧地摧毀寂止，因為停滯在寂止中還不夠好。

弟子：「一切眾生皆有證悟的潛藏力」，這樣的說法含義是什麼呢？

仁波切：這是金剛乘修持中的根本心要，也正是大手印與大圓滿的見地。我們修持此見地，直到證得穩固見地。此見地即是心的自性，心自然的狀態。根據佛陀宣說的共同法教，各個眾生都有證悟的能力。所謂的「佛性」是指這樣的能力就如同種子，它存在我們每個人之中，是我們的潛藏力。這也是為何「凡修行之人終將獲得證悟」的說法是合乎邏輯、合乎道理的。若你將花的種子放置在利於生長的環境下，包括土壤肥沃、肥料充足、溫度合適、空間、水分，加上足夠的時間，只要有這些條件，種子時時刻刻都會成長。相反地，即使已具備沃土、肥料、水分、溫度、可以成長的

空間等這些要素，但你種下的卻不是花的種子，也許運氣不好而誤把小石頭當成種子。如果你種下一顆小石頭，則不管等了多久，什麼也長不出來。

　　若非一切眾生都已具備種子的潛能，都已擁有證悟的要素，否則即使我們努力修持，也不會有任何結果，誰都無法證悟。無論怎樣攪拌水，永遠都不會得到奶油，不是嗎？唯有攪拌牛奶，才能得到奶油，這正是潛藏力的含義。因為我們皆具備證悟的潛藏力，只要是真正持之以恆者，就會獲致證悟。

　　但是，想當然爾，對於二障覆蔽深重、負面情緒強烈之人來說，就沒這麼容易。就這些人而言，佛果甚至可說是遙遙無期。相反地，若是煩惱蓋障較為薄弱之人，他們的智慧〔更能顯現而〕較為聰穎，將能更快邁向證悟。對此等人來說，這將是個較為輕鬆的歷程。

3
無念無輪迴

截至目前為止，我們的禪修主要是讓心處於寂靜，讓心能安止。而現在，我們則要更進一步來到勝觀的洞見，也就是「明朗照見」。我們已有了寂止的寬坦感，現在則應修習如何清晰照見心的本性。止與觀、或寂止與勝觀，此二種修持正是佛教禪修的心要。我們的心有著正反兩面，因為心仍有負面的部分，所以我們的當下自性名為「未離垢眞如」。我們需要改變它，讓遮蔽眞如、遮蔽自性的蓋障得以去除，而這一點得藉由勝觀來達成。在本教導中，勝觀也可被視為**無分別智**。

雖然無分別智為絕佳的實修起點，然而，要直接由此著手卻不太容易。若想要更容易認出無分別智並實修，所需的預備或前行即是寂止的修持。只要簡單地練習保持平靜，這樣就能讓我們忙碌的心安定下來、變得沉靜。藉由修持寂止，我們將更能夠認出無分別智。

勝觀的修持

前面的章節已講授了寂止，在此我則要介紹勝觀的修持。首先我們要談到寂止與勝觀的差異，這二者應如何區別

呢？當我們練習寂止時會有一種放鬆感，有一種安靜的平和感。也會對這些感受而有些喜悅，有些執著。當我們感覺非常安定且平靜時，就不會受到感官知覺的干擾，不為六觸（六種感官知覺）所動。若我們能真的穩定、堅固地在這樣的安止狀態中保持安住，那麼無論天氣是冷是熱、自己是否被蟲叮咬，我們都不會有所影響。那些不安適無法讓我們煩心，實際上我們甚至對它們沒了感覺。修持寂止時會生起一種安止與輕安，讓我們變得上癮，甚至對其他事都沒了興趣。我們享受這樣的寂靜而超然於一切之外。

當寂止真正達到穩固時，即使行者尚未證得穩固的勝觀，此時仍有許多力用將隨之而來。寂止證得穩固時，將生起一些如天眼通等神通力和其他的許多功德。但寂止本身不是解脫。我們無法由寂止獲得解脫，遑論是成就證悟。若是對寂止的滋味生起了悅意與執著，將因而無法解脫，原因在於我們過於偏好這份寂靜而難以前進。縱然寂止並非究竟的修持，但它仍是勝觀的助緣或基礎，因此修持寂止依然是重要的。水面靜止之際，它將能映照你的面容。同樣地，當你的心或專注力安定時，就有可能明朗照見心性。而所謂的勝

觀，正是這份明朗照見。

　　悟與未悟之眾生，唯一的差異在於遮障的存在與否。無論是無雲、清澈的晴天，或是有雲遮蓋的天空，這兩種情況中，太陽都一樣在早晨升起，向上運行而跨越天空，再於夜晚落下。唯一的差別是天空中是否有雲存在，以及雲層的厚薄多寡而已。

　　《究竟一乘寶性論》與其他經典都提到心的三種層次，分別為不淨、雜淨（半清淨）與善淨（完全清淨）。如同我剛剛提到的各種天氣，太陽可能被完全遮蔽，也可能被薄霧籠罩，又或者是在無雲晴空中而全然不受遮掩。厚重的雲層就好比我們的煩惱障，我們根深蒂固的我執。有些時候，我們不正是完全陷入愛與恨之中嗎？就如沸騰中的水，我們發現自己徹底失去了控制。這種情況就稱為煩惱，而它毫無疑問是一種蓋障。就在生起愛或恨的那一瞬間，我們的本具真如已被遮蔽得密不透風了。相同地，我們也可能有較為溫和、輕微的好惡，像是：「我喜歡這個。我不喜歡那個。」這些普通的好惡不會引起太強的情緒，但仍會遮蔽我們自心的根本真如。

　　每當我們簡單地想著某件事，像是單純想著：「它是」，這就成了細微的遮障。**我們的任何想法都仍帶著三輪分別：即「作者、受者、所作」**。只要還有關於三輪的想法，也就創造了業。人們問：「什麼是業？我不明白！業在哪裡？」實際上，當我們的心想著某些事物，這就是業，業即是指分別心的行為。而我們對一切事物形成的微細概念就像是一張網，有如遮蓋我們本具真如的薄霧，好比籠罩太陽的霧靄，讓人無法清晰見到它。

　　偉大導師龍樹尊者曾說：「**離念無輪迴。**」輪迴以分別念為基礎、由分別念所造作。念頭包含了喜愛與厭惡，念頭的根本自性中就有取（選擇）或捨（排拒）的心態。每個念頭都是期待與憂懼，而期待和憂懼是痛苦的，期待本身有一種「我還沒達到」的暗示，這不是令人痛苦嗎？同樣地，憂懼本身也有這樣的想法：「這可能會發生，我不想要！」這同樣也讓人痛苦、折磨。只要有念頭參與、有念頭形成，就會產生煩惱。一旦有期待與憂懼，也就有痛苦。

　　一般從佛法的觀點而言，自由或解脫的意思是**離於輪迴**。輪迴通常是指三界六道眾生，三界則包含了欲界、色

界、無色界。我們也許認為：「所謂的解脫，是從落入三界六道眾生之一的下場裡逃開。」我們甚至以為自己必須到別的地方才能得到解脫。實際上，若是連結到自身的體驗，**解脫所指的乃是離於任何形式的念頭**，惡、善、無記（不善不惡）的念頭皆然。聽到如此的說法時，我們會想：「我們的確應該離於惡念，但善念不一樣，我們應當要保留善念。一切善行都由善心、善念而成，若是捨棄了善念，誰來作好事呢？」然而，我們必須了解，善有不同的種類，可分為有漏善、無漏善以及二者融合之善。有漏善是指任何由良善、完好念頭所為的身、語、意善行，這些的確具有善德。而無漏善則是離於念頭、於本俱自性中、來自法性而為的善行。無漏善是無分別的，它超越了念頭。

我們需要透過對覺醒狀態的體驗而嘗到解脫的滋味，並且由此邁向證悟。**解脫或自由的真正意義是指離於二元心**，從執持自我、「我」的想法中離開；從執持他者、「彼」的觀念中離開，離開所有關於「這些是」、「這些不是」的分別念。除此之外，將毫無自由可言。懷著「這是」的想法，是一種執持；懷著「這不是」的想法，也是一種執持。當我

們想著：「我從內到外全都是存在的」，這是一種分別念；相同地，當我們想：「我從內到外全都不存在」，這仍也是一種分別念。

修持寂止能讓我們的心性安定而自在，勝觀則是讓心以無分別智簡單安住於平等捨、離於任何概念的形成。為了讓我們自身生起勝觀，也就是明朗照見的洞見，重要的是積聚資糧、清淨垢障，並修習寂止。

若只是保持安定，並非真正的解脫，它的確離於煩惱的波濤起伏，所以這種安定的狀態是接近解脫的。但如果有人問：「你在寂止之中已經沒有煩惱了嗎？」你也許回答：「差不多了！」然而於此狀態中，依然留有未來煩惱的根源。只要還留著根，植物就能再生長，因此需要摧毀煩惱的根源，而成辦此事的唯一方法就是修習勝觀，也就是無分別智的明朗照見。此外別無方法能完全作到，沒有其他方法可徹底切斷所有念頭的根。以較廣泛的層面而言，輪迴的根源是我執，亦即執持「自我」的心態。而在更微細的層面上來說，輪迴的根源則是分別念、心的作意、念頭的形成。因此，為了要脫離輪迴，我們需要進行與此根源全然相反的修

持，需要薰習離於任何分別念的無分別智。這同時也意味著要離於自我，然而，不僅要離於自我，更要了知離於自我的狀態。換句話說，此即是了悟無我之智慧，也稱為三輪清淨的智慧，離於三輪分別的本智。

在西藏傳統中，真正的勝觀是指在離於二元執取的狀態下見到自性。傳統上要完成加行（四十或五十萬遍的前行修持）與本尊修持所需的繁複持誦之後，行者才會被引介自性。完成前述的修持後，弟子將被授予大圓滿、大手印，或是其他勝義智慧傳承的心性指引。以上是一般的方法，然而現在時代已經改變，有許多人從一開始就殷殷懇求著心要教導。而以我的先父 祖古烏金仁波切來說，無論是長期的修行者或初學者，只要弟子真正有興趣，他就會給予心性指引，而且也要求我這樣做。由於抱持如此的想法，我想在此多談一些關於勝觀的細節，這應該是個不錯的主意。

　　我的根本上師全都是已了悟自性①的大師，雖然我並沒有全然或圓滿的了悟，但我的確擁有一項東西，那即是發自內心的虔敬與信任。也因為這樣的虔敬與信任，我擁有了勇氣，覺得自己應該已經得到傳承祖師的加持。接下來要講述的是我根本上師們所授予的教導，在此將簡單覆述幾個要點。

保持心性的相續

　　迷惑是由我們的心所造。業、煩惱，以及所有不同的體驗也全都由心所造。心是一切的主要造作者，若我們放任自己的心不斷地塑造二元執著，輪迴將永無止盡。若想離開輪迴、想從輪迴裡自由，就必須讓二元執著消融。為了使其消融，便需要進行與二元執著相反的修持。思考本身即包含了

---

①作者除了於先父 祖古烏金仁波切之外，也於當今許多偉大大師座前領受教誡。為了讓讀者同樣可領受這些大師名號的加持，在此特別一一列舉：十六世噶瑪巴・讓炯日佩多傑、二世敦珠法王、頂果欽哲法王、卡盧仁波切、庫努仁波切、竹彭仁波切、洛彭・索南・桑波・達龍・夏仲仁波切，與紐修堪仁波切。

二元執著，而與二元執著思考相對的，則是無二智。當念頭消失時，也就是二元思考瓦解或崩裂之際，你將抵達無二智的境地。二元念頭消失的那個瞬間，無二智將澄明現前。

輪迴只是我們的想法。相同地，煩惱與業也只是我們的想法。當我們了知思考的反面、念頭的本質，我們就能從輪迴中自由。為了得到自由，我們需要認出這個本質。廣泛而言，我們必須離於煩惱，而在更細微的層面上，我們需要離於分別念的形成，離於「這些是、這些不是」的分別。這包含諸如「我弄錯了，我是迷妄的」或是「一切如夢，一切如幻」等等的抽象概念，此類的想法仍是一種執著。

無論樣態粗糙或微細、層次淺薄或深刻，任何的分別、各種形塑事物的概念，除非能讓它們都消融、就此蒸發，否則我們無法明朗照見自己的本俱自性。「因為這個是，所以那個不是。應該要選這個、不要那個。」如此的想法完全是心的作意。當你想著「是」，其實同時就隱含了「不是」。當你否認某件事物的同時，你也確認了其他事物。拒絕某事，也就自然地接受了其他事。而分別判斷的本質，正是這樣的二元性。無論是多麼細微或具哲學精密度的參照點，我

們都必須以不製造任何分別參照點的方式行事。

我們如何體驗或見到這份自由呢？與其說是「**見到心性**」，或許更好的說法是「**保任心性的相續**」。此處的「心」，單純是指思考，而「心性」則是指佛性，也就是本具眞如。本具眞如超越了一切哲學主張。哲學主張是經過縝密思考後所形成的，我們徹底地考察、探究、分析、取捨、認同或否定，直到形成一個立場，此時我們認爲自己已做過驗證，能因此建立「這是這麼一回事」的確信。於是我們緊抓著這個主張，想著「這個就是對實相最究竟、最絕對的陳述，我已經懂了！」

而心的自性，也就是本具眞如，超越了所有哲學主張，因爲它既非哲學、亦非想法。無論是多麼艱澀或深奧的理性觀點，都仍只是分別概念，依然奠基於概念，因此便屬於分別心的範疇。然而，本具眞如於自性上超越了分別心的框架，同時也不是分別心的對境。我們應當要分辨心與心的本質，分辨思惟與無分別智。我們必須從根本自性中區別出分別心。

佛教中描述二元心或分別心運作方式的形而上經典類

別，稱爲《阿毗達摩》。《阿毗達摩俱舍論》則就心王與附屬的五十一心所鉅細靡遺地描述了二元心的運行，以及它如何以各種方式參與一切的體驗。心王單純代表分別概念的心識，而感官知覺本身則是沒有分別的。當你聽到、看見、嗅聞、嚐味、觸碰的時候，並未涉入分別念頭。唯有當心王（或稱爲心識）將其注意力導向這些感官知覺的其中一者，並開始評估與判斷時，才使該種感官知覺成了一種概念。

藏文的「森」（sem），我們翻譯爲「心」，其明確定義爲心中思惟並懷持著某種事物。藏文中的「念頭」是「南拓克」（namtog），意思是將客體概念化、想著某種事物。每當我們見到某個好的東西，便會開始產生關於它的念頭，不是嗎？聽到悅耳的聲音，我們就想更進一步探究，於是創造了關於它的念頭。我們會想：「噢！多好聽的聲音！我喜歡。」這個過程就是南拓克。每當思及任何客體（對境），我們一般會以這三種方式來回應，也就是：喜歡、不喜歡、覺得不好不壞。喜歡，就是細微的貪著；不喜歡，就是細微的瞋怒；感覺中立或漠然，則是細微的愚癡。當我們以這些方式將注意力放在任何五根（眼、耳、鼻、舌、身）的體驗

時，由於形成了喜歡、不喜歡和不好不壞的心態，創造了喜愛與排斥某種事物的習氣，因而創造了業。就像這樣，我們一而再、再而三地形成喜歡這個、不喜歡那個的習慣，如此周而復始，我們的心自然而然地把思及的一切都執爲實有。

這好比我們的夜晚夢境或作白日夢時，若是想到一朵美麗的花，我們會感到一些喜悅。相反地，當我們想到那些散落在〔尼泊爾〕博達大街上的噁心、骯髒垃圾，我們的反應會大爲不同。每當理解各種不同的文字，並連結到我們過去形成的某些心態時，這些文字就帶有某些力量，而稱作習慣，或是習氣。因此，與其說：「我喜歡這些、那些。」我們也許該改口：「是我的習氣喜歡那個。」

總而言之，二元心有著嚴重的瑕疵，這是因爲它受限於喜歡、不喜歡和不好不壞的態度。二元心有著希懼、取捨，因而也爲之受苦。只有要念頭，就有期待與憂懼，我們先前已討論過這一點。期待與憂懼本身即是苦。如果想要超越痛苦，便需離於念頭。如果想要離於煩惱，便需離於念頭。若要免於輪迴無窮無盡的迷妄體驗，就必須離於念頭。若要一邊不停地想著什麼，同時又要超越輪迴，這是不可能的（仁

波切笑）。執著分別念，卻想要抵達解脫，也是不可能的。想要不挨餓，卻不想吃東西，也是不可能的，不是嗎？

佛是了知的本質與特性

接下來我們需要思惟的是，所謂的佛，也就是覺醒的境地，在哪裡呢？是什麼呢？佛陀曾說：「佛於一切眾生中」。這樣的自性或本質是如何展現的？我們的二元心是佛嗎？若我們說二元心就是佛，那麼一切有情眾生皆已然成佛，那就有許多完全沒展現證悟功德的佛！倘若二元心並不是佛，那在我們當中的佛究竟是什麼？這個字眼一定代表了什麼。佛，即是心的本質，心能了知快樂與痛苦。**佛，即是這份了知的本質或特性。**

這個了知快樂與痛苦的心，究竟在哪裡？若我們彼此詢問，每個人都會回答說：「心就在我裡面」。我們說的「我」，通常是指這個有血有肉的身體，它有能說話的聲音，有可以經驗、可以感受快樂與痛苦的心。但我們仍然要問：「感受到快樂與痛苦的，究竟是什麼？」

心的特性之一是**空**，之所以是空的，是因為心不是以任

何實體的形式存在。它並非以任何特別的形式呈現。而同時，心**能明了**，它有了知的本性，**它周遍無礙**。

心的**無生體性爲空**，自性爲明，覺知則周遍無礙。我們提到心有兩個特質，分別是體性與自性。這兩個詞所講的是同樣一件事。這些特質合爲一體、不可分別。就好比你無法將水和它本具的濕潤特質分離那般。

而我們現在要問，這個心，它空的自性，存在或不存在？有這樣的東西嗎？如果你要說**它存在**，那它與其他諸如地、水、火、風等堅實事物的存在方式一樣嗎？我們必須同意心是無形的。心的自性，不是以四大種的有形方式存在。然而，倘若你要說**它不存在**，就得面對它並非完全毫無一物的事實，因爲心能以各式各樣的方式作了知。我們不能否認自己本身的根本智慧，我們裡面確實有著能以無數方式作了知並體驗的東西。

所以，我們不能說心不存在，不能說沒有心。同時，我們也不能說它像諸大種那樣是以物質的形態存在，我們不能說心是我們能夠看、聽、嗅、嚐，或觸碰到的某物。如果心是可見的，我們應當能夠描述它的形狀，是方是圓、是長是

短，或者球形或橢圓。同樣地，如果心有形狀，它應該也有顏色或味道。沒有東西是有形狀卻沒有顏色，不是嗎？如果你說心有形狀，它一定有顏色。那你的心是什麼顏色呢？就像這樣，任何有形狀顏色的事物，多少也會有一點味道。心的味道好聞嗎？它的味道會隨著時間而改變嗎？這個心是否有物質相狀、有形狀、有顏色呢？如果心有物質相狀，我們應當能觸碰它、逮住它、保留它，將它放在好的處所。我們討論的仍然是這顆心，能夠體驗的心。

然而，心被描述為**不具象**的，因為它無法觸摸、沒有相狀。由於它沒有相狀，所以沒有顏色、沒有味道，沒有任何明確特徵。倘若它存在，我們必須要能描述它。首先，我們可以說它是空，心的空即如虛空。此處的要點是，要留意心並不等於虛空，這只是個譬喻而不是根本含義。如果譬喻等同於主題本身，那就沒必要相比了！人們可能說你的臉像花一樣美，但如果你的臉真的是一朵花，你的頭真的成了一朵花，你要怎麼看東西？別太過批評詩詞，那聽起來優美就夠了，譬喻也是這麼一回事。但若是毫不相關的例子，也沒辦法做為譬喻。如果我們說：「你的臉美得像一朵枯萎的

花」，這聽起來如何？兩個例子都是花，唯一的差別是一個正值盛放，另一朵花已然凋零。正因如此，第一個譬喻很不錯，另一個則顯得無禮。

我們的心是能知者，因為它無相狀、無形色，而猶如虛空。簡言之，心是**空且明**。而虛空只是空。心與虛空二者之空的特質（空分）是相似的，但心能明了、能了知，虛空則不然。由於這個明了的特質（明分）、能了知的本具能力，心被稱為空且明，而虛空則被稱為空無，空無一物。心本然為空且本然為明。心是**體性空、自性明**，且這些特質自始至今，從本初以來即融為一體，不可分別。這個本自存在的俱生自性，它本來的樣貌，非由誰所作，不是經由什麼神聖或邪惡的力量而來，也不是透過任何人創造而成。沒有任何人類把心製造成它的樣子，心只是自然如此。

正是因為心的明分，所以我們能體驗，也正是這些體驗的過程讓我們產生迷惑。迷惑並非因為空的特質而產生，反之，迷惑只會經由明而生起。當這個明分將注意力指向體驗時，就會執著諸如「這是」的種種事物，與「我和我的，你和你的」之所有念頭。在這過程中，便出現對「我」

之想法的貪著，以及對「你和你的」之所指的細微厭惡，但這類微細的貪著與厭惡是一種誤解，因為究竟上，「你」與「我」的分別根本毫無基礎！正因為我們不明了這一點而形成了無明。迷惑的根本、真正的根源就是這份不明了。若這是迷惑的起點，迷惑也應在這裡結束。原本空朗的明了變得執著，由此創造了迷惑。為了得到解脫，我們需要體驗那不作執著的空朗明了（空明雙運）。

心的自然本質是空明雙運的，我們可運用三身的說法來闡述這一點。體性空、非造作的面向，是法身；自性明、周遍無礙的面向，是報身；空明雙運的能力，始終都在且能以種種方式顯現，即是化身。若以大手印的說法，無生之體性與周遍無礙之自性，能以無量的方式顯現。

以修持的角度而言，**我們必須了知如何不沉浸於念頭中**。離於分別念的那一瞬，即是法身。若想著某個念頭，便不能讓我們離於念頭。念頭無法除去念頭，所以念頭的存在將妨礙無分別智。在無分別智中，沒有念頭；而念頭中，沒有無分別智。存在與不存在無法同時發生，它們是互斥的。分別念無法消融分別念，要消融分別念，就要讓**心中離於任**

何執持。我們無法用一個執著念頭去消融其他的執著念頭，**無有執著才能消融執著**，我們需要清楚了解哪個才是解藥。**真實無我的智慧是我執的解藥**。「無分別念」是分別念的解藥。一旦我們熟悉解藥，即能克服應克服者。倘若我們不明了、不熟悉如何使用解藥，我們就無法做到應做的。

現在讓我們一起禪修幾分鐘。讓自己寬闊敞開，放下任何參照點。如果我們專注於什麼，特別留意某樣東西，這時我們就不是敞開的。當你離於參照點、離於專注點，你就能敞開。這樣的開闊感能讓人感覺非常安適。

弟子：仁波切，您提到了「分別」（或稱尋思）的過程。這與「分析」（伺察）有何不同？

仁波切：觀察一切的是心，是心在關注或體驗著發生的一切。在本書的教導中，心指的是經由五根而運作的心理認知。除非心開始注意，否則我們不會看到、聽到、嗅到、嚐到，或感受到任何觸覺。因此，心是一切痛苦與快樂的根本。我們是否迷妄，都取決於心。只要我們仍沉溺於感知者與被感知者的二元分別，就會體驗到妄念。一旦我們能切斷

捆住感知者與被感知者的鎖鏈時，我們即能自由。

被感知者（所知）的概念很容易理解：它只是我們體驗到的對境，也就是我們的所見、所聽、所嚐、所嗅，或是感受到的觸覺。而同時還有個**感知者**（能知），心在它裡面，透過五根連結到諸多的對境，形成種種的念頭與概念。舉例來說，當眼識與視覺形相產生聯繫並抓住這個形相時，眼識將形成與所見相關的分別念。若我們僅是眼睛朝著某些東西看，但此時滿腦子都是別的事，我們其實沒有真正看見自己眼前的事物。只有當我們將專注力放在所見的事物上，當我們對自己正在觀看的事物有興趣時，才會真正看見它。

此時發生的是，心與透過眼睛所看到的客體，經由看的動作而產生聯繫，接著形成了念頭。在這念頭形成的過程中，有兩個層面、兩個面向。第一種較粗重，另一種則較細微。好比說，當我們注意到一個人的輪廓時，這就是「分別」。換句話說，我們有了「那裡有個人」的分別，但我們還不清楚對方是誰，或者我們是否認識對方。當我們的心更為仔細、更加注意，我們就可分辨出「那個人是某某，他看起來這樣那樣」的細節。也許是你熟識的人，又或許不

是。這是更加詳細的念頭，我們稱為「分析」。所以有「分別」與「分析」這兩種層次。首先在「分別」的層次中，我們喜歡、不喜歡或不好不壞的情緒，並沒有真正穩固的基礎。然而一旦我們開始「分析」，這些情緒的力道將變得非常猛烈。

舉例而言，如果我們將自己的所見「分析」為美好時，我們會受到一些吸引，有一種「我喜歡這個」的想法。又或者，當感覺深受吸引時，將變成「我愛這個！」我們的專注力，會對這個喜歡的想法與深受吸引的感受產生貪著。反之，倘若我們分析某物為醜陋的，會感覺自己對它帶有細微的排斥，我們感到有些厭惡。若是更為強烈的程度，連看到它都感到極為討厭，便會起了憎恨。

若我們現在所觀看的對境並未引起上述的種種反應，我們可能不感興趣，完全不受吸引，也不想加以探究。這時，針對這個客體，我們是把心關掉的狀態，我們把心闔上了。這是一種細微的不好不壞（漠然），若發展到更強烈的程度，就成了徹底的愚癡。喜歡、不喜歡，或不好不壞的三種可能反應，在感受更為強烈時，將顯現為貪、瞋、癡。這

些都是心涉入感知對境的方式。這些過程在我們的日常生活和一般感知中，一次又一次地不斷發生。

我們不必有特定宗教信仰也能知道，當這三種基本反應以更粗重或更強烈的感覺呈現時，它們顯然**毫無益處**。但你也許會問，單純對我們見、聽、嗅、嚐，以及碰觸到的對境，有著喜歡、不喜歡或不在意的感受，會有什麼問題嗎？若是喜歡我們的所聽、所見、所嗅、所嚐和所感受到的，這有什麼不對？或者我們覺得有一點厭惡或不喜歡，有何不可？而關上我們的心，保持不在意，哪裡有錯？

但若是賢善的心、良善的心呢？我們要保留它嗎？我們應該要善良，不是嗎？為什麼我們得摧毀這些？我們所能擁有的最佳感受，就是發願利益他人，並直接將此善心化為行動。如果時常熟習這樣的想法，夠好了嗎？或者這有什麼問題嗎？這裡頭有瑕疵嗎？這裡面真正的缺失是什麼？對於這些我們需要非常清楚。如果單純保持良善仍有不完美之處，我們必須知道那是什麼。若有什麼能超越良善，我們也必須了解那是什麼，以及如何以此修持。

在此我的重點是，我們需要有〔全盤的〕了解。比如

說，我們認為有某種比單純保持良善還更好的事，雖然還不太確定那是什麼，但我們斷定必須捨棄保有善心、良善的心境，就此捨棄了善心。但又因為我們自己仍不明白那個超越善心的究竟是什麼，之後也無法得到它！這就會鑄下大錯，我們必須對這一點非常清楚。

讓我們回頭看看。這些善、惡、無記的念頭是如何產生的呢？它們都來自一種細微形式的分別心。如此的心態就好比是一種潛伏又致命的惡性疾病，像是在身體裡一個微小區域開始生長的癌症。如果任由它生長，疾病將會蔓延全身，治癒的可能性將變得極為渺小。同樣地，在佛教的形而上學《阿毗達摩》中，提到所謂的**隨眠 ❶**。除非能去除這些如同癌症的隨眠，否則我們無法從已然成熟的負面情緒中得到自由。

佛法的教導告訴我們，心的所有妄念、所有迷妄的感受都來自同一個根本原因。一切的業、一切的煩惱、一切的念

---

❶ 隨眠，為煩惱種子。參見《瑜伽師地論》：「一切世間增上種子之所隨逐，故名隨眠。」

頭都來自同一個根本原因。它們都源自一種非常細微的分別心。唯有鬆開並消融此細微分別心，也就是**作意**，否則在這世界上沒有任何方法能讓我們離於妄念，我們也無法從念頭、從情緒、從業當中自由。就好似癌症擴散的例子，我們必須離於這個微小的根本成因。一旦沒有了因，剩下的一切將會自然地消失。**細微的分別心，即為業、煩惱、妄念之根**。確認這個根本成因以及將其根除的方法，正是修習佛法極為重要的關鍵。

4
分手

我們已展開了邁向成就解脫與證悟的旅程。我們之所以聞、思、修，就是為了獲得解脫與證悟。只要是有利於這個旅程的都很好，都應採用。同樣地，只要是會妨礙證悟的也都應避免。而在此所說的「違緣」，意思是指會阻礙解脫與證悟的，當中也包含了諸如吝嗇之類的煩惱障。它們阻礙了解脫和遍智佛果，因此無時無刻都需要避免。另外，則有對於解脫與覺醒的「順緣」，也就是**六波羅蜜多**。其中前五度為方便，第六度為智慧。在本書中第六度的智慧尤其是指了**悟無我之智慧**。

正如波羅蜜多的含義，我們同時需要方便與智慧，隨時隨地都應結合這兩個面向。少了智慧的方便，其助益不大；同樣地，少了方便的智慧也不太有效。方便與智慧猶如我們的雙腳與雙眼，如果我們能行走也能視物，就可以到達目的地；而若是擁有雙腳但卻眼盲，便不知該往哪裡前進。同樣地，若是看得見東西卻少了雙腿，我們就無法到達，此二者缺一不可。波羅蜜多的前五度，也就是方便度，好比是能行走的雙腿。而第六度的出世慧，則是明朗照見的能力。當我們能同時行走且視物時，由於知道自己將行於正確的方向

上，便不會白費工夫。若能融合方便與智慧，那麼我們為邁向解脫與證悟的付出都不會是徒勞無功。

每個念頭都關乎期待與憂懼。這是很重要的一點，所以我要再次提醒大家。我們必須了解佛教所說的解脫，其真正意義究竟為何。一般而言，解脫是指免於投生為三界中的六道眾生，我們不必毫無自主地被迫投生於痛苦之中，這就是解脫。而令我們在輪迴中、在六道中打轉的，正是我們自己的念頭。只要依然沉溺於迷妄的凡庸念頭，此時的所作所為都將進而導致未來的輪迴。如果我們的煩惱與執著沒那麼深重，最後將會投生於人道與天道。倘若我們有非常深重的煩惱和執著，則會有地獄道、餓鬼道或畜生道的體驗。儘管我們也許看起來都是人類，然而，若是自己的情緒和唯求己利的心態過於緊繃與焦慮，又或者有極其強烈的瞋忿、怒氣、仇恨、貪著、忌妒等，我們將會體驗到地獄道眾生的感受。

此外，也有另一種可能。儘管我們先前的人生深陷於我執之中，緊緊執持著堅固、恆常的實有，但我們或許可以開始學習、提出質疑，並釐清事物的樣貌。藉由這個過程，我們便有機會鬆開自己心中對事物的執著，漸漸對自己變得更

放鬆、更知足，且更自在。這也是有可能發生的。

　　總結剛剛提到的：我們可以說，所有的快樂與痛苦都是由心所造。一切六道有情眾生所經歷的喜悅與哀傷，也都是心的造作。就連一天之中的所有快樂與痛苦，也都是心的體驗。

　　心是無形、非物質的，所以它無法被填滿，它的渴望永無止盡。像這樣的凡庸心，其問題在於它永遠不會滿足。如果心多少能被滿足，那總會有個盡頭，總會有個限度。但即使我們得到自己想要的，永遠都還是不夠。我們似乎總想得到自己尚未擁有的，想要求取任何難以得到的事物，但這**的確**有困難。即使我們真的如願以償而達成極為困難的目標，我們又會在心中定下新的目標。到最後，原來我們曾經如此渴望的這些成就也變得沒那麼了不起。

　　換句話說，**每個念頭都關乎期待與憂懼**。期待和憂懼的程度也許是細微、中等，或相當強烈，但皆無例外。期待與憂懼是指一種緊繃、心量狹隘的心理狀態，它令人痛苦。強烈的期待與憂懼將帶來強烈的痛苦。若我們腦子填滿了期待與憂懼，此時食物不再美味，甚至難以成眠，五根的對境

（五塵）也不再美好。當期待與憂懼減少至中等程度時，我們將多少能夠享受自己的所見、所聽、所嚐。若只有細微的期待與憂懼讓自己稍稍煩心，我們則會說「我是快樂的！這真棒！多美好的一天！」

然而，當我們回想那安好、美妙的一天，也會發現到即使在這樣的日子裡，仍不時會感受到隱約的期待與憂懼。它們總是不停地暗中蟄伏著，等待石破天驚的一擊。或許我們在每天的日常體驗中未曾留意，但它們一直都在。我們努力讓自己以為我們什麼都不擔憂、不煩心，我們把這稱為快樂。我們似乎得這樣愚弄自己，因為要了解實相太痛苦了。究竟，我們有沒有任何一刻是真正快樂的呢？坦白說，那些快樂、不害怕、自在，且毫無畏懼的時刻相當罕見。關於這點，我們得歸咎於自己的分別心，說真的，它沒有什麼偉大功德。

我們必須離於我執。**我執，只是個念頭**。念頭有許多不同的名字，煩惱的念頭、無記的念頭、善意、敵意、自私的心態、煩惱的心態。和自我心態相比，無記比較好。舉例來說，若想著：「水是水、天空是天空」，這是無記的念

頭。然而，健全或良善的心態又比無記的念頭更好，例如「我想要幫助他人」的念頭。像這樣，任何賢善的心即是善念。因此無論何時何地，我們都應抱持著善念或善心，且要時時避免源於自私的瞋心，因為惡意與瞋恨會讓自己與他人都不好過，同時也會讓我們造下惡業。

這些是我先前所提到的，「順緣」與「違緣」真正的含義。如果我們的身心處於忌妒、怒氣、貪著、愚癡、傲慢的種種情境下而心煩意亂，於這類狀況下要體驗無分別智將困難得多，因此這些稱為「違緣」，也稱為惡的業緣。反之，當我們有仁慈、愛心、助人的態度，並落實在言行之中，這就是順緣，是善德、健全的善業，是好的業，它們是有益的境緣。若要使寂止與勝觀的修持獲得進展，就應做一切有幫助、能饒益之事，這才是真正的睿智。同時，了解任何會中斷或阻礙修持進展之事皆為不善，且同時避免這些妨礙或阻障，也是睿智的。所謂的智慧，並不僅是在我們死前為自己製造短暫的舒適享受，這不見得是全然的智慧。真正的智慧，是更有遠見，並了解哪些會帶來解脫與證悟的究竟利益，這才是真實的智慧。

無分別智

真正的解脫，是離於我執。所有的情緒狀態根本上都是念頭，現在我們了解念頭有三種類型，也就是善、惡、無記。要時時捨棄惡念或負面情緒，它們會創造惡業與痛苦。無記的念頭沒有幫助，也沒有損害，它們是中立的，這些無記的念頭也應捨棄。至於善念，則是我們應當奉行的。善念會創造有漏的善德、有漏的善法，將能帶來投生輪迴善趣的結果。所謂的投生天道與人道，是指享用美妙的環境與宜人的情境。有漏善將帶來令人愉快的果，然而這並非解脫，而仍在輪迴之中，還沒有超越念頭的根基，此根基即是二元執著，亦即心的二元性。為了要超越此，我們必須修習與二元性相違者，我們得先認出無分別智。認出無分別智，並藉由修持而開展它的力量，最後對無分別智證得穩固，此即是脫離輪迴的方法。

為何修習當下的了然智慧能讓我們脫離輪迴呢？因為它能削弱、泯滅，並徹底消融導致再度輪迴的根本原因，也就是二元執著，它可摧毀分別自他的概念心。修持無分別智可

斷除輪迴的成因，因此無分別智是解脫與證悟的主因，也是佛教修持的精要所在。

懷有善心、饒益的心態很好，這是正確的方法。同樣地，避免負面心態或不良心態也是好的，這同樣是正確的。但這些方法都不足以解脫輪迴。

若想像有個人能幫助所有人類、動物與昆蟲，給他們任何想要的東西，讓他們往後的生活都能度假，再也不必工作。這個人成了所有眾生的施惠者。如此行為所帶來的龐大善德能讓他解脫輪迴嗎？不，不能的。雖然這是一種廣大恩德、強而有力的行為，也是無以計量的大善事，一點都不用懷疑，但還是少了些什麼。這當中缺少的即是智慧，缺少了能洞悉迷惑根源的深見。

或許你已熟悉十不善業以及與之相違的十善業。想像我們已經花了難以想像的長遠時間，無邊廣大地行持前九項善業。例如，護生而不殺生；廣大布施而斷除不予取或偷盜；依循自己的信仰或社會規範，以清淨德行待人接物而不放逸輕佻。以上是關於身的三種善業。

同樣地，〔關於語的善業，〕我們協調各種異議而不詆

毀他人；言語溫和柔善而不苛刻粗惡；談話有意義、有目標而不說虛度光陰的流言蜚語。至於意的善業，我們則要捨棄惡意；此外，作為貪欲的違品，我們為他人的快樂而隨喜；以各種方式不斷行持慈愛以斷除惡意。以上這些都是善業，但最為重要的則是最後一項的第十善業。如果沒了它，仍舊少了什麼。

直到我們能以第十善業，也就是持守相違於邪見之正見，來攝持自己的一切行為之前，即使以長遠時間不斷地廣大行持其他九善，其結果仍然只是來世的美貌、財富、長壽、健康以及許多宜人的友件。儘管我們將有許多令人嚮往的殊勝體驗，但這仍不是真正的自由，因為此九善還只是有漏的善法。有漏的善法雖然為善，可以有所饒益並帶來令人愉悅之果，但它仍非究竟。

在這世界上，有許多完全沒有宗教信仰的人，若問他們：「善心好或不好？」他們會說：「是好的。」「以言語、行為幫助他人，是好的嗎？」他們會答：「是的，這是好的。」基本上，世界上大多數人都同意何者為善、何者為惡。無論在何處，人們都會說，殺害同胞是惡、毆打鄰居是

惡、以謊言欺騙朋友是惡；當個好人比較好。

然而第十善的正見，是最為困難，同時也是最能饒益之善。若你擁有正見，單單它本身便已足夠、得以勝任。同樣地，倘若你缺少了這一項，其他的善行最終都幫不上忙。這一項是要認識我們的俱生智慧，我們的本俱自性。這似乎有其難度，因為我們的根本自性並非念頭的對境。但這也能非常簡單，因為它絲毫無須勤作。

大部分我們遇到的麻煩事之所以麻煩，正是因為它們需要花功夫。當你必須付出體力、必須說些什麼，或必須想些什麼時，這類事情就有難度。如果一件事得要長期努力，我們便會認為它是困難的。若是只需要一點小力氣的事，我們則說它是簡單的。若有人說：「休息吧！今天你什麼都不用做。」這代表我們的身、語、意都不需要花力氣，我們會覺得「這太棒了！要放假了！」

認出自性的困難之處，在於我們有根深蒂固、總想做些什麼的習氣。若一位佛教禪修大師最終對我們說：「什麼都別做。」這可不容易！從醒來的那一刻開始，我們就覺得自己得用什麼填滿我們的心，得想著什麼，而這其實是一種習

氣。我們不思考就感覺很不舒服，好像有什麼不對勁。我們
需要思考些什麼、抓著些什麼、得到些什麼、追逐著什麼，
至於那是好是壞，其實並不重要。我們總需要對事情抱持某
些態度，否則我們便不自在，感覺像是：「我迷失了自己！
有什麼出了問題。」這感覺可能很嚇人。

　　我們以無數的方法讓自己忙碌，也許是透過自己的眼
睛、耳朵、鼻子等等來抓住事物。而這一切，其實是心讓它
自己忙碌，它用各種方式填滿自己。心藉著眼睛而忙碌時，
它便思考著等一下會看見什麼。聽到某個聲音時，我們對它
留意，並產生許多相關的念頭，諸如此類的一再追逐、四
處亂竄。在這個持續不斷的過程中，沒有一絲安穩，毫不穩
定。

　　有名的俗諺說：「境觸❶如此誘人，心則如此善變。」
經過這個又那個〔的追逐〕之後，我們很容易就走神了。而
這個心，這個感受者，似乎毫無招架之力，它不斷臣服於各

---

❶觸（sense impression）：與外境的接觸，乃由根、境、識三者和合而生，為
　五遍行之一。書中譯為「觸」、「境觸」，或「感官知覺」。

種對境。儘管心非常努力要讓自己沉浸於美好的感官知覺，像是美麗的風景和悠揚的旋律等，卻也難以延續這些體驗。就算我們享受了一陣子的愉悅感知，那還是不夠好。我們歲歲年年不斷地追逐感官的歡愉，無論那多困難，又或者讓我們多痛苦。這種心態似乎非常頑強。這個易變、焦躁不安的心，展現了巨大的勇毅，不屈不撓地追逐著感官享受。這就是心。

而現在，色、聲、香、味、觸等，對我們而言似乎是有形又真實的。但追逐它們的這個心，則是無形的，且為了追逐它們嚐盡苦頭、飽受折磨！或許是該分手了！如果有形的與無形的能夠相處融洽，那好吧，讓它們住在一起。但那有形的部分似乎一直讓無形的心苦惱，它似乎在折磨著心。當然，我們無法永遠讓心與有形的現實分開，無法真的離婚。但如果能分居，偶爾有些自己的空間，這不是個好主意嗎？這樣的離婚得透過寂止與勝觀來實現。安住於寂止時，執取的分別念將稍微有些減少，不再露骨喧譁地出現。同時，修持無分別智的勝觀時，即使是最為細微、想要執取的企圖都將徹底消失，全然消融。

在這世界中，我們不都認為智慧是重要且珍貴的嗎？這不光是指人類，我們也會讚嘆地說：「多聰明的動物啊！」智慧當然是好的。而最高級的智慧則是了悟無我的智慧。**真正的智慧是照見無我之智慧。**

我們也都說要善良，做個紳士、做個好人、做個淑女。然而，**悲心乃最勝之善。**無論以內在感受或外在表現而言，悲心都是好的。如果有人問你佛教是什麼，而你只想簡單地回應，那只需回答此二者：智慧與悲心。想當然爾，悲心尚有許多可討論的，它是佛教中相當深廣的主題。但簡言之，悲心可分為兩種，有緣（有所緣）與無緣（無所緣）之悲心，或稱為有所依與無所依之悲心。

總結以上所說，解脫的意思是離於我執的煩惱，離於所有輪迴。超越輪迴，即是要離於任何分別心、離於所有念頭，無論好、壞、不好不壞的念頭皆然。解脫也同時離於任何執持事物是否為恆常、堅實或真實的分別念。離於這一切之時，也就是真實解脫。**一切分別念消融之際，即為正見。**

正見不是一種哲學上的立場。所謂離於任何類型的分別心，並不需要採取任何心理層面的觀點來主張事情的**是**或**不**

是。當我們離於這一切，此刻的本俱自性就是它的單純樣貌。我們即是心的真實自性。這一刻，你可以說所有遮障都已消融，都已清淨且盡除，這正是所謂的「離垢真如」。若要將未離垢真如的體驗轉變而實際**成為**離垢真如，那就必須修持。一開始，修持是刻意而為、需要努力的。我們需要這種的刻意勤作，這是一種刻意的修持，而它最終將會成為無須勤作。真正的修持是無勤，而無勤也是一種修持。這有些自相矛盾，因為這當中沒有**什麼**可修持的，同時也沒有任何要有所作為之事，但這仍是一種修持！它也能被稱作禪修，但並不是在對什麼禪修。為了實踐無勤作的修持，我們一開始得先花些功夫。以下便說到修持的方法。

此刻，不追憶過去，也不計劃未來。無論此刻你的感知或心裡出現了什麼，都無須分別、判斷或估量，徹底地不為所動。張開你的雙眼，在大手印與大圓滿的修持中，眼睛被稱為智慧之門，別關上它們。在一般教導裡，特別是修持寂止時，行者會閉上雙眼，避免對所見之事物產生興趣，而從靜定中分心。然而，以金剛乘、菩薩乘（大乘）或大圓滿而言，這樣的方法則有所缺失。如果闔眼有效，那為什麼只閉

上眼睛呢？你應該也要關上耳朵、鼻子、皮膚與其他所有
〔會造成影響的〕，好讓自己完全隔離。

此處的竅訣如下：

五根寬廣敞開

覺性無有依憑

保持全然敞開

不涉入感知對境

不於其生起念頭

單純這般安住

寬廣敞開

明了

空、明、寬廣敞開

這是教導中提到的竅訣。中觀派的教導強調此境地「**畢
竟空**」的特質，而阿努瑜伽與新譯派則以「**大樂**」描述之。
若更進一步描述，如此境地稱爲「完全淨妙之空性、不變之
大樂，二者無有分別」。而大圓滿法教有關本初清淨的立斷

（Trekchö，藏文音譯爲徹卻）教導中，則稱之爲「**究竟赤裸**」。這些名相與其意義都極爲深奧，但也非常引人入勝，是相當令人喜悅的。

「**畢竟空**」強調空性的見地，「**大樂**」則著重於樂空雙運的修持，要點在於「樂而無耽溺，明而無執著」，這一點非常重要。樂沒有問題，但不要一直想著樂。同樣地，我們的本性自明，但若是抓著它不放，就成了缺失。大圓滿的法教中，則以「**究竟赤裸**」來描述無二的本覺。這是指，當有別於二元心的本覺或俱生本智能被認出之際，它是離於二元性的，全然赤裸而自證自明的。

剛開始時，較好的做法是保持明了、寬廣敞開而進行座上修，否則修持很容易因分心散亂而被打斷。之所以需要寺院、閉關中心與僻靜處，其原因在於我們相當容易失去專注。讓我們分心的也許是外來的干擾、身邊的同伴，也可能就是懶惰而已。城市裡總有許多能做的事，益友或損友也**的確會**影響我們。因此，要在座上修時讓自己安住，並保持不散亂的修持。

見地非可見之物

禪修非可修之事

不受分別念所染

畢竟空

寬廣敞開

大樂

究竟赤裸

豁然分明 ❷

清澈

了然

寬闊

　　此教導是以上述的方式修持「禪修」，這個狀態能讓二元執著停止。此刻輪迴已不存在，輪迴已然消融。若要讓輪

---

❷ 此處竅訣偈言中的豁然、清澈、了然等辭彙，與「四種明晰標準」（或稱「四明顯量」，藏，gsal ba'i tshad bzhi）有關。這些用語在生起次第與大圓滿教導中含義略有不同，且英譯或中譯皆無固定用語，本書中譯僅以表面字義表達，請讀者務必以上師講授之竅訣為主。

迴消融，沒有比這個還更勝妙的修持了。此刻，沒有業、沒有我執的形成。無須確認什麼、無須否定什麼。沒有期待、沒有憂懼。

不必鞏固**這是什麼**的分別，也不必執著**這不是什麼**的分別。在最為根本的層面上，我們的心就是畢竟空、大樂，且究竟赤裸。我們無須再做什麼好讓心能變成如此，不需藉由禪修來培養它、創造它。心的本性，自本初以來即是解脫的，它離於業與煩惱，離於輪迴的迷妄體驗，離於「**是與不是**」的執著分別念，離於需要接受或需要拒絕，離於一切的期待與憂懼。

無勤的勤作

為了讓它實際如此呈現，我們需要精進不懈，我們必須於無勤中努力勤作，我們必須於無修中進行禪修。要真的什麼都不作，可是個大工程！若要真的什麼都不做，我們得真的讓自己很努力。保持不動是對的，這是無勤作，而動則是勤作。說話也是勤作，我們完全不需要說話。同樣地，心裡想著什麼，產生關於這個、那個和其他的念頭，也是心的勤

作。完全放下，心中無有任何勤作。徹底放下關於過去、未來或現在的一切思惟。就像個嬰兒一樣，保持無分別念。

　　無執的意思是不生起「就是這個」的念頭。不被心中想著事物的概念而染污，完全放下。教導中常提到，當認出這一點時，即猶如見到虛空。你能看見虛空嗎？能感受到虛空嗎？當你見到或感受到虛空時，它是一種有，還是一種無呢？你能多少見到那份無嗎？

　　虛空並非可見之物。看到沒有可見之物，我們稱為「見到有虛空」。如果我們看到某種東西，那麼它就不是虛空，而是一種例如大地、石頭、水等由自然元素形成的物質體。然而，虛空並不具有物質的形式，它是開闊的。我們為它取了名字，在無形且開闊的它身上套了一個標籤，名之為虛空。看到具體的事物時，我們是看到有個東西在那兒。而看到無形的事物時，我們其實是以沒看到東西來當作它的存在。看到那裡有著什麼，通常我們說這是看見；看到那裡沒有能看見的，也同樣是看見，只不過是用不同的方式看到。相同地，當見到或體驗到空性時，空，代表的是沒有能被注意到的物質形相、形狀、顏色等等，正如同虛空。空性

的「性」，意思是明、了知。一切智慧的覺受都由這份明了而開展，所有三身與五智的覺受皆由此明而生起。

　　而這個空分是虛空的根本特質，它超越了所有戲論而名為法身。此空明雙運即是我們自心的展現。若有人請你定義心，以「空明雙運」來回答是非常好的。若有人要定義火，我們回答〔它是〕「熱的，且能燃燒」，這就對了。若要定義水，而說〔它是〕「濕的，且能流動」，這也很好。我們也能定義風是「輕的，且能移動」。同時我們可將虛空定義爲「廣闊、敞開、容納、無偏、無中央無邊際、離於形色」。虛空即是如此。你可說它不存在，因爲它並不是堅實、具體的物體。它確實是一種周遍一切的無。相同地，把心定義爲「空明雙運」也是不錯的方式。在佛教中，普遍將心定義爲「明且覺」。當心的明分變得僵固而生起執著，輪迴將由此空明雙運中逐漸形成。而若此明分無有執著，三身與五智的覺受即能無盡展現。

　　弟子：我覺得迷惑！

　　仁波切：我們可以把迷惑理解爲凡夫體驗實相的錯謬方

式。迷惑是指誤解了眞正的樣貌。將非眞實也非恆常的事物，錯認爲眞實且恆常，但實際上沒有什麼能眞正存在。存在，只是某一種相信。因爲我們未覺察、不明白萬物的眞實自性，所以產生了這樣的信念。一開始形成了無明。接著，則是執著有「我」、自我的存在，但實際上並不存在這樣的實體；接著又執持「他」的存在，而實際上也不存在這樣的「他」。這個無明，正是「自他」分別的眞正根基：亦即未能了知這些分別本身一點都不具有眞實性。

根本無明觸發了對「自我」的貪著，以及對「他人」的厭惡，並且在我們自心相續之中，以各種廣泛、無數的方式延續了長遠之久。我們必須消融如此強烈的無明習氣，但這無法在頃刻間發生。處於夢境之人，只會相信夢境是眞的，而不會想：「這全都是虛幻一場。」即便他有如此想法，卻也很難同時體驗到夢並非眞實。就像這樣，我們當下的所有體驗都是虛幻的。然而，若要對如此的想法具足信心，並眞正體驗到一切皆虛幻不實，這其實相當困難。

我們必須讓自己的迷惑能「顯現爲智慧」，我們必須讓自己的一切迷妄體驗以本初智顯現。而這要如何辦到呢？唯

一的方法是要認出並了悟心的本性。

　　不沉溺於當下思惟之時，本俱眞如即能不受遮蔽〔而現前〕。在我們了知眞實、了知實相究竟爲何之時，這一刻，所有關於事物眞實樣貌的迷妄概念都將消失。該如何免於這些錯謬信念的傷害呢？也就是要不受困於二元性之中。

　　依竅訣傳承之教導，是我們的分別念遮蔽了本俱眞如。執著事物爲眞實，執著有「我」，執著恆常、實有、存在等等，各式各樣的分別執著；簡言之，就是我們的當下念頭。在此刻的念頭中，惡念毫無疑問會形成蓋障，但即使是賢善的想法也會遮蔽本俱眞如。不善、不健全的念頭是在心中持有一些想法，而賢善的念頭同樣也是在心中持有一些想法，它們都仍執持著某些念頭。造成遮障的是這份執持，而不是念頭本身。無論是生鏽的鐵鍊，或是鑲有鑽石的黃金鎖鏈，都仍然會束縛你、禁錮你。

　　陷入當下思惟時，本俱眞如即被遮蔽；不陷入當下想法時，本俱眞如即能不受遮蔽〔而現前〕。那要如何不陷入當下的思惟呢？在上座禪修時，放鬆坐著，同時挺直背部。指引教導中提到：「讓你的身體宛如一束稈草，而用來綑住它

的那根草稈已被切斷。」身體挺直且放鬆地坐著，不帶任何緊繃或壓迫。越放鬆越好。「讓你的聲音只爲它自己保留，猶如一把切斷了弦的西塔琴。」保持默然無語。以和緩、自在的方式呼吸。

「讓你的心像個無水注入的水車。」往昔，世界上某些地方會以水來驅動磨坊水車。當水流被引導至其他方向時，機制不再作用且水車將停止轉動。讓你的心就如同這般。不追隨過去曾發生過的，不猜想未來即將發生的，不估量或判斷任何事。無須回應、修正、改進、接受或拒絕什麼。**就讓一切如是**。若有念頭現起，就任由念頭來吧，若無念頭現起，也任由它不存在。如此，佛之心意即能顯露。

在此要引述蓮花生大士《七品祈請文》之偈言 ❸，可以感知顯相，但切勿因此執著。無論眼界之中生起什麼，都隨之發生且不對其執著。不僅是雙眼所見，我們的所聽、所嗅、所嚐，所觸，與心的種種體驗，皆任其發生，毫不執著。

---

❸此段偈言出自蓮師禱文七品（雷敦瑪）之第四「南開寧波請問品」：「如是眼之對境所顯現，外內器情一切實事法，請住顯而無有我執境，清淨能所明空本尊身。」敦珠貝瑪南嘉譯作。

換句話說，我們所需的正是與分別思惟相違的狀態。放下執著，那是二元的。捨棄尋常的思考方式，那當中滿是煩惱。我們需要無分別智，以便能與本俱自性直接相遇。了知三世諸佛之心意，了知大圓滿、大手印、大中觀之見地。若要認出此並保任此，我們就必須圓滿資糧、淨除遮障。

5

驅散無明之燈

若要了悟本初俱生智、我們的智慧自性，就必須清淨遮障、積聚資糧，並由具德上師獲得真實傳承祖師之加持。我們應當了解，除此之外的任何努力，終將只是徒勞。

　　實際上，這些要點都已含攝於**前行**的修持內。此處所說的徒勞，意思是我們其他的一切努力、認為別人能代替我們而作的想法、任何智識上的知識，或是企圖藉由思惟來分析情勢等，這些都仍有缺漏。若持續以這些帶有分別的方式而為，只會讓自己疲憊不堪。我們應作的是清淨遮障、積聚資糧、領受具德上師之加持，並獲得如何了悟本初智的竅訣。

　　有許多故事都曾提到，往昔這樣的了悟是如何發生的。大手印稱此了悟為「本初俱生智」，大圓滿法教則稱之為「立斷入本淨」。了悟發生於成就上師與具格、具器弟子的相遇之際，而這是指已作好準備並於此生或過去生中完成了前行修持，同時已清淨遮障且圓滿資糧的弟子。當這樣的弟子與上師得以連結時，有時甚至無須隻字片語或任何表達。他們的相遇就足以傳遞了悟。這稱為「勝者密意傳承」❶。

---

❶大圓滿傳承體系可分為三種，分別為勝者密意傳承、持明指示傳承、補特伽羅耳傳。

另一種則是「持明指示傳承」。同樣無須言語，成就上師僅只是以身體的姿態，爲已經準備好，也就是已清淨遮障的弟子來展現。舉例來說，上師也許會指著虛空而不發一語，也可能是舉起或指著一顆水晶石。弟子藉由這些象徵姿勢即得以了悟本初智，並獲得等同於上師的了悟。也有許多例子是上師僅說了幾個字，可能是一句話或四句偈的教言。爲避免他人聽見，上師可能會透過一根銅管輕聲低言。僅是短短數語，就足以讓弟子成就與上師同等的了悟境地。過去曾有許多類似的例子。

然而，在當今時代，似乎必須具備聞思的基礎並從中獲得了解，否則無法開展修持的智慧成果。這樣的了解是來自禪修的成果，它同時也需要聞思〔的基礎〕，因此，聞思甚爲重要。我們或許不想先學習，而是想直接開始禪修，這沒問題。然而，我們很有可能不了解如何修持以及該修持什麼。若能先有些學習再進行禪修將是非常好的方式，能帶來極大助益。另一方面，若我們只是聞思，卻未從修持獲得眞實的了解，那我們將只有得到理論。**智識的了解不足以斬斷我執**。我們必須先有聞思的基礎，之後藉由禪修實踐並獲得

了解。

心的本質

接著談到精華的部分，也就是心。是心在想著各式各樣的事物，一個接一個，永無止息。是心在接受、拒絕，與判斷。是誰在焦慮、不安、快樂、傷悲？是否有誰在做這些，有誰能了知？答案就是心。但若要探究這個能了知的是誰，我們卻又找不到，不是嗎？大家是否都同意，在我們自身之中有某個能了知者？但我們卻又不知道它究竟在哪？但它似乎就於我們所在之處，對嗎？若我們相信它在大腦裡，它就在大腦裡。若我們認為它在手腳之中，它可能就在手腳之中，它並非不存在。因為，如果我們主張心不存在，我們便什麼都不能了知，也無法有所體驗。然而，很顯然地並不是這麼一回事。我們自身之內的確有著能了知者，因此我們必須說：「是的，有心。」我們能握住這個心嗎？能明確指出它嗎？這份了知雖然無有形色，但它就是心。

先前我們已作一些分析，了解到心不具實質的形相。而此不具實質形體的心，並不是你能觀看的對境，亦非是可以

96

聽、聞的東西；你也無法嗅到、嚐到或持有它。這樣看來，
心似乎不存在，不是嗎？但心並不像虛空一樣地完全空無。
你不能說它等同虛空，心與虛空很相似，但不相同。虛空為
空，因為它無形、無聲、無可嗅、無可觸，亦無任何質地。
而心之所以為空，則是指「體性空」，意思是心並不具有實
體。

　　心自然為空，本然為空。不是誰讓心變成空的，沒有人
能作到這一點。然而，心並不完全等同於空無一物的虛空。
心為空，**但心能了知**。心為明，明的意思是指心能明了，它
能了知，能感受，能體驗，能感知。如此了知、體驗、感知
的能力，就在這個空的心之中。因為心為空，同時也為明，
所以我們將心稱為「**空明雙運**」。儘管心是明，但心仍是
空。如此的空與明自本初以來即融合為一。它是本初且自然
地合為一體，非經由他者所結合。不需要誰去融合空與明，
也沒有人能夠辦到。我們稱之為雙運，但實際上，這代表的
是**無二無別**。所謂的融合為一可分為兩種，一種可被再次分
開，另一種則是**無別相融**。後者的例子，就如水與濕、火與
熱，它們是無法分離的。心的空分與明分，正如水與濕，同

樣無法分別。在本教導中提到的雙運，其含義正是如此。

　　而空與明的雙運，它是有爲法或無爲法？智識型的學者特別喜歡這樣問。雙運代表著必定存在二種面向，一是空、二是明，且它們在某個時刻合而爲一，否則何必稱它們爲雙運呢？二種面向的雙運，必定是由兩個獨立個體而生成的。且正如眾所皆知的，任何有爲法必爲無常，一切有爲法終將泯滅，這些是學者可能會有的想法。若認爲空明雙運是有爲法，那它勢必受制因緣，終會泯滅、消逝、無有蹤跡。這不是很合理嗎？

　　然而，這樣的空明雙運爲無爲法，因爲它爲空，同時也爲明；儘管可明了，但它亦是空。因爲空分與明分無二無別，故名之爲雙運。實際上，心的本性並不是某種有爲法，**心無爲**，因此它無滅亦無住。如此的空明雙運超越了生與死。

　　簡言之，我們的心是體性空、自性明。此空明雙運無爲，因此它無生起、無止滅；它超越了生與死。心的體性空，是**本然**爲空；自性明，是**本然**爲明；二者雙運，是**本然**雙運。此雙運的無爲自性，是**本然**無爲。在此，「本然」是

很重要的字。再次提醒這個要點：我們的心，體性空、自性明；同時，**我們的根本狀態，是無為之空明雙運**。當這個本然的空明雙運對一切毫無執著時，這一刻它僅是如其所然，它**本然**如是。

若了解我們的心為體性空，將有什麼幫助呢？這能幫助我們去除種種誤認心為恆常、具體，且堅實存在的想法。一旦了解到心的體性為空，即能遣除這些錯謬的概念。諸位對此是否瞭解了呢？這便是領會「體性為空」的效用，是立即的結果。此外，我們的心雖然為空，但它可明了。一旦真正了解心本自為明，將會自然消除斷見，也就是認為心是空無一物的想法。再次提醒，我們的心為本然空明雙運，當我們覺察到這個事實、在我們認出它的**那一刻**，一切錯謬的信念都將被遣除。任何種類的常見或斷見，執為恆常或空無的信念，都自然會被捨棄。只要認出我們的自性究竟為何，即能自然泯除一切邪見（錯謬的見地）。

一般哲學僅強調二種面向的其中之一。首先是根據明分而認定有「某物」存在，如存在著造作者，或是某種恆常事物；抑或是強調空分而主張徹底空無，認為所謂的存在是完

全的空無一物。這分別是常見與斷見的二種邊見。

大家都聽過，佛法的見地超越二邊，對嗎？若能容許自己、容許自己的心，放下任何的分別執持，讓自己只是簡單地「在」，就這樣待一會兒，這本身即能消除任何邊見。持有「這是」的想法是執著，持有「這不是」的想法也是執著。但如果你得從中選一邊，那麼選擇「這是」其實會稍微好一點，因為教導中提到，若執著恆常主義的觀點，尚能投生善趣。倘若抱持著「這不是」的斷見，將會難以投生善趣，而且很容易因此墮入惡趣。這二種邊見都是我們必須超越的。

此外，要如何讓自己在平等捨中安住呢？首先，我們要打直身體，讓身體挺直但放鬆，以非常放鬆、非常自在的方式坐直。如果身體直立且鬆坦，所有的脈也會直順而沒有阻滯，如此一來心也比較容易自在。在我們開始修持大手印或大圓滿的正行時，於禪修的狀態中並不持誦咒語。心中要捨棄一切作為，即使是施受法或各種被視為善行的觀修也不例外。放下任何作意，讓心保持自在且平等，一如周遍無礙、無有邊際的空明雙運。有兩種方式可以體驗明性，一種是以

某物爲所緣境並在心中持守；另一種方式則是心中無有依附
的對境、不作持守。持守某物時，稱爲二元心；絲毫不作持
守時，心是解脫的：此即爲心的本質。

任由五根寬廣敞開

我們有眼

我們有耳、鼻、舌、身

任諸根門寬廣敞開，不受佔用

讓覺性無有依憑

心即此空明雙運

別作任何追尋

別執持參照點

任它寬廣敞開

教言亦曾如此說：

不趨於外

不攝於內

亦無需留意內外之間

全然自由

俱生覺性通達無礙

無阻無滯

不受任何阻障

讓自己如此安住

（仁波切稍停一會兒後，開始接受提問）

弟子：修習「等持」（又名三摩地）的利益爲何？

仁波切：〔等持的利益就是〕「善業」。平等安住於等持中，正是一切善業當中最爲有力且最爲深妙的。沒有比安住於止觀之等持（寂止與勝觀之等持，或稱奢摩他與毗婆舍那之等持）還更爲有效的了。無論是累積福德，或止息煩惱與我執，再無其他更加善妙的方法。佛陀經常教導，比起廣大殊勝地供養十方諸佛，又或是相較於以無量劫的時間行使布施，行者即使只在短暫的片刻間認出心性並安住，都將帶來更大的利益。此勝妙方便能夠遣除自身的過失，同時積聚福德與智慧資糧。

真正認出心的本質，也就是我們的俱生覺性時，一切我

執都將消融，也不再造作任何業和煩惱，此刻妄念都將消失無蹤。即使未能認出心的自性而僅是**假裝**安住自性，由於這接近於了知心的如實樣貌，因此仍然能帶來難以估量的利益。同樣地，像是「諸法皆空，亦非實有」的簡單念頭，縱然是一種分別念，但它仍是**真實**的。諸法**為**空且無實體，這樣的思惟將讓我們更能契入諸法實相的了悟。

諸法皆空，亦非實有。這樣的想法從何而來？它來自於理解，也就是藉由聞思而得到的果。「諸法皆空，亦非實有」的信念是透過聞思而產生的，這也是我們正在作的事。我們正在學習，這也是這些開示的目的、這本書的目的。若要獲得理解，學習是非常重要的。以我們自身的思惟力來體悟諸法，能讓我們從禪修中得到真實的了解。這也是為何教導裡提到：「**聞思為驅散無明之燈。**」

釋迦牟尼佛的教導極為詳盡且深廣，涵蓋了許多不同的主題，且每個主題都有大量的教言。無論我們有多麼精進不懈又或是多麼聰明睿智，仍總是學不完，其義理無窮無盡。我們可以盡可能地探尋、分析、質疑，這完全沒問題。但也請了解此一要點：**用心吸收教導並以自身條件實踐。要**

了解，一切教導皆為親身體驗之教言，其中毫無矛盾。這是很重要的一點，這是因為，若我們未能學習教導，未能用心吸收教導，我們可能會以為這些不過是知識罷了。以這樣的心態，我們不停地收集知識，列出一個又一個互相駁斥的觀點或哲學。到頭來，自己擁有了敏銳的分別智慧且也變得更有批判性，企圖擊敗相違的立場。我們或許以為自己正在弘揚正法，但其實我們是在宣傳憎惡與貪著。無論我們學到什麼，都應該用來減少我們的自我。**學習，是煩惱的解藥**，這才是學習的意義。正好比藥物是用來治癒疾病，任何能治病的藥都是可靠的藥，它有功用，是有效的。然而，倘若是沒有效用的藥，無論是多麼昂貴，都不是良藥，都應被捨棄。

簡單說來，我們的一切所學、一切理解，都應付諸實踐以改善我們的心、我們的心態。否則我們只是靠強記在學習。我們聽聞、聽取教導，我們理解教導，甚至可以完全覆誦教導，但那又如何！佛陀之所以說法，就是要讓教導治療我們的我執、我們緊繃的心。學佛應該要改變我們的生命狀態，改變思想、語言和行為。我們的身、語、意都應變得比較不那麼緊繃，更放鬆且更靈活。

　　寂天菩薩於《入菩薩行論》中提到：「見到他人時，要以慈愛眼神與笑顏溫和相待。❷」並以此發心隨喜他人：「因眾生的幫助，讓我得以發起珍貴菩提心。也因眾生的幫助，讓我得以趨入佛果。而實際上，我之所以能修持六度與懷業等四事業，並行持廣大菩薩事業，這一切都要歸功於眾生。感恩一切有情眾！❸」《入菩薩行》繼續提到：「言語溫和、言語柔軟、言語有義。心中不帶傲慢和虛偽，離於諍鬥與瞋怒❹。時時保持真誠與悲心。」

　　當我們學習佛陀宣說之法並了解含義時，我們內在應會有些轉變。學習並思惟佛法之人，其我執的程度也會同時隨之減少。悲心與對法義的通達則會不斷增上。若是這樣的情形，其修習與理解已有了正確的進展。

　　另一方面，若我們持續學習更多的佛法，個性卻越來越

---

❷ 參見《入菩薩行論》第五品：「如是自身得自在，常時悅豫含笑顏。」本書引用之《入菩薩行論》偈頌為隆蓮法師譯作。

❸ 參見《入菩薩行論》第三品：「諸救護尊證菩提、諸菩薩地皆隨喜。令諸有情得安樂，令諸有情得安樂，於諸有情作饒益，我心欣悅常隨喜。」

❹ 參見《入菩薩行論》第五品：「志誠發心義聯屬，文義顯明令歡喜，遠離貪瞋善說詞，軟語及時應當說。」

固執，變得越來越無理且不友善，這就出了差錯。除非能把教導融入自身，否則將會有變得漠視、愚鈍的危險。即使是罪大惡極的人、甚為邪惡的人，都能因佛法而改變。但若是博學多聞但卻未用心吸收、對於教導漠然無感，則很難由佛法得到轉變。別讓你對佛法的理解僅流於智識上的知識。應當要親身實踐、用心吸收並加以修持。否則，我們最終只是累積越來越多的知識，利用法教來吹捧個人的自大抱負，徒然增長我們的執著與憤恨。

若從河裡撿起一顆石頭並剖開它，即使這顆石頭已在水裡多年，但它的中央仍是乾燥的。有人也許會期待：「石頭中央不是應該會濕掉，或有些浸濕了嗎？」就像這樣，我們或可在佛法圈裡年復一年地待著，但唯有我們藉由修持，將佛法付諸實行，否則就像那顆河床上的石頭，中間仍會是乾的。有句西藏的諺語說：「**法油子無法受到佛法的利益，正如裝酥油的皮袋無法因酥油而變得柔潤。**」通常，一片大皮革或小獸皮在上了油或酥油後，經過鞣製就能變得更柔軟。在西藏，是以皮革來保存酥油。這些皮革全部時間都和酥油待在一起，它慢慢被酥油浸透，而由於沒有經過鞣製或加

工，它只會變得完全硬梆梆。同樣的道理，我們必須實踐佛法的教導，必須加以運用，將教導鞣入我們自身之中。

縱然佛法有非常豐沛的教導可供我們學習，但無論何時何地，其要點都在於對所學獲得確信，之後則是要運用教導、實踐教導。尤其，我們應以「佛陀無欺的教言」〔為準則〕而增長對心性的明了。此處的「無欺準則」，是指獲得確信的究竟方法。準則可分為幾類，首先是「佛陀無欺的教言」；其次為「自己無欺的智慧」；第三則是「上師無欺的教誡」。應當結合此三者來對心之自性獲得確信。

一切輪迴與涅槃都不過是自心的幻變。一切的喜悅與憂傷，以及我們在此道途上接受或拒絕的一切，都是自心的造作。這些都是心的作為：依心而起，且由心所受、由心所作。心是一切之造者、一切之作者。所有〔佛教〕宗義與修持的目的，都是為了軟化這顆心。心的本質即是佛，即覺醒之狀態（菩提）。但因為無法認出這一點，所有問題都由此產生。好比一位不知道家中架起爐灶的其中一塊石頭乃是純金礦石的窮人，他因此繼續挨餓。我們有如滿願寶的心之本質一直都在，自本初以來它就是我們的自性。由於我們不明

107

了這一點而問題層出不窮。簡言之，我們所經歷的一切磨難，都是因為我們未能認出自己的心性。

因為無明之故，我們流轉輪迴之中。**無明是指未能明了，不明了自性**。眾生因為不明了自性而迷惑。而我們現在所需做的，即是要撇開這個不明了，而必須了知。這份了知稱為「見到心性」。了悟心性即為「佛」，未能了悟則為「眾生」。明心見性之際，我們就是自由的、解脫的。而未能明了之時，我們則是迷妄的、迷惑的。

自性的狀態，其本身是沒有錯謬、無有迷惑的。而自性、我們的根本存在，並非由佛陀所造，它並不是一種發明。實際上，即使是佛陀也無法製造它，如果連佛都不能創造它，我們又怎麼做得到呢？若此自性是由佛陀創造而成，它就沒這麼偉大了。凡由造作而成者，皆非自性如此。我們的根本狀態無法以任何方法造作而成，也非由誰創造。無論佛是否出世，無論佛是否以教言描述過它，我們的根本狀態、我們的自性，一直都是完全相同的。即使是最聰明的佛陀也無法讓它更好，即使是最愚痴、最蒙昧的眾生也無法讓它變壞。了知自性，了知真實的根本為何，就稱為照見

本俱自性，也就是照見**法性**。「照見」並不是見到某個具體事物，也不是見到某個無形事物。這般的照見，完全離於一切戲論，它徹底離於諸如「此是」、「此非」、「此為實有」、「此非實有」的種種想法。所謂的「實有」則與非實有相反，因此它是一種依緣而存的戲論。

我們需要學習多少呢？我們應當不斷地學習，直到自己對自性已有完全的確信，此時才算學得夠多了。我們可以運用各種方法，任何能幫得上忙的都好，就用它！若是沒有助益的，便捨棄它。利用一切有益之事，捨棄一切阻撓之事，直到你達到原先預定的目標，這才是學習的目的。

若要了悟本俱自性，必須透過直接的體驗，無法只靠智識來成辦。在實際經驗中得到直接了知的時刻，將有別於我們先前的學習或聽聞，那一刻你會生起確信與決斷：「這就是自性。」如此將證明你的了解不再僅限於理論層面，你不再只是個知識分子了。

有任何問題嗎？

弟子：您提到，當我們確信自己已經體驗到心的自性

時，我們可以學習或做其他自己想做的事。而當我們正體驗到心性的時候，那一刻〔其實〕並沒有什麼要做的。但如果是這樣的想法：「噢！就是這個。」這似乎是之後才出現的念頭。或者是：「噢！之前那個一定就是自性。」這好像也是一種思惟，想著：「噢！就是這個。這就是我們一直在講的那個。」

仁波切：這沒關係。座上與座下修持有一些不同。座上禪修時，我們在寬坦的空明雙運中安住禪定，這時不應該有任何：「我現在感受到它了，我現在體驗到它了」這類的念頭。然而，在那之後我們可能會思惟這些體驗究竟如何。我們可以領會到，在這樣的體驗當中，並沒有任何能安住其上的實質事物而可被體驗，這就稱為座下禪修。

有許多界定座上與座下禪修的不同方法，但基本上，只要有著思惟就是座下禪修。當認出「能思」（能思惟者）的自性時，「所思」（被思惟的念頭）也就此消融。而當「所思」消融時，即是座上修；而當「所思」再度出現時，則是座下修。一般而言，當你坐著且挺直了背，並且持續地坐

著，你會說這是座上修。而當你站起來時，則是座下修。但對於修習本然心性的修行者而言，他們剛開始時是坐著修持，而經過一定的時間後，他們可以在進行其他活動時也同時實修。因此，說實話，只有你自己才知道你是座上還是座下修持。

　　一切大圓滿法教的精華就在於本覺，或是大手印所稱的平常心❺。這是我們的自性，不被任何分別念所染。這代表我們**實際認出它**，而**不僅是個概念**。它必須是剝除任何分別心而全然無遮的本然狀態。否則，我們的實修仍只是以**概念**修持。我們也許會告訴自己，當下的覺受與書中讀到的或過去聽聞的是契合的。「是的！心為空」，這是第一個想法。「它亦為明」，這是第二個想法。「空與明雙運！」則是第三念。「噢！這是空性，這是離戲。沒錯！這就是超越戲論，這就是無作意。」想著這些念頭，不過是心在作意！無論什麼方法，只要與企圖一邊坐著、一邊形塑出自性有

---

❺平常心（tha mal gyi shes pa，藏）並非指尚未證悟者的凡庸心狀態，而是指「平常」，非造作、未被改變、未作修整的當下智慧。

關，都不過是一種模仿，而非眞實的。這些方法僅能如此而已。

　　另一方面，「本覺」或「平常心」的詞彙描述了我們自性的眞實模樣，直接地指出自性。它不是我們的創造，不是我們的編造，也不是我們的作爲。當我們不對它做些什麼，它就是此時我們基本狀態的樣貌。當我們不再試著造作，不再試著將它形塑爲別的東西之時，它**已是**本覺、平常心。這也是爲何密勒日巴曾開玩笑說：「教導共同乘別時，佛陀的舌頭辯才無礙。教導了義時，卻顯得詞窮了。」

　　換句話說，如此的究竟境地是離於言詮、難以形容的。但同時，不作任何描述而要了悟眞義，也是相當困難的。但我們必須記得，**言詮僅爲方便**。無論是多麼精彩的描述，都不可能百分之百的精確。從它的根本自性上就無法辦到。當你聽到，諸法超越戲論，諸法於本質上既非存在、亦非不存在，也不是存在又不存在，也不是非存在又非不存在（*離於有、無、亦有亦無、非有非無四邊*）。你試著要了解並想著：「是的，沒錯。就是這樣。」但這仍舊只是戲論。當你想著「超越戲論」之時，這本身就是個戲論！文字確實帶來

了不少麻煩，然而，若是根本不說諸法超越戲論，我們會有更大的麻煩。

　　若我們抓住念頭、執著文字，真正的意義就溜走了。「諸法皆為離戲之空性」，持有這樣的想法仍是執著。當我們執著有「我」，這是執著；若我們執著無我，也是執著。若說：「自我並不存在」，這仍然是執著。無論你將事物執持為存在、執持為不存在，二者皆是執著。**真實無我之智慧，不僅是智慧，它是超越所有三輪執著之出世慧。**

　　弟子：要如何讓念頭走開？

　　仁波切：驅除念頭的方法即是無分別智。在「徹卻」（Trekchö，藏文音譯），也就是「**立斷**」的本初清淨修持當中的竅訣提到：「切莫阻擋或壓制念頭。」因為你不可能阻擋念頭，連試都不必試。只要任由一切的生起出現：若有念頭生起，就讓它生起。竅訣接著提到：「念頭變化時，無須在意；不必太過重視它。」當我們不去在意自己想到了什麼，這個念頭就不會造成太大傷害，它找不到立足之地，它無法「堅固」地形成。倘若無法保持不在意，反而重視這個

念頭，它就會完全形成。越是強調念頭，念頭就越是強烈。舉個老人看孩子們玩耍的例子，當孩子們用沙子堆了雕堡，他們會說：「這是我的城堡」，他們覺得自己蓋的沙堡非常重要。他們會說：「我是堡主，你不是。」孩子們在遊戲的過程中，逐步建立起各種他們認真對待的東西。但那位在一旁觀看的老人，完全不會把這些當真，他知道這是孩子的遊戲，這個沙子蓋成的雕堡沒什麼大不了的！

　　同樣地，每當念頭來去時，若我們能越自在、越放鬆、越不把它當真，就越容易回到本覺的自然狀態中。相反地，若我們越把想法當一回事，它越會遮蔽住本覺的覺醒狀態。另一個常用的例子是來到寺院裡的幼兒，他環顧四週，看到了許多明亮的顏色與影像，但他不在意自己所看到的畫面。這個幼兒並非沒有看到，也不是眼盲，而是因為他對所看到的一切還未形成任何僵化的概念。當我們修持時，我們並非沒有想法或念頭，而是我們不執著它們，不把它們變得堅固或僵化。

6

鬆開

傳統上一般會先為禪修者引介奢摩他，也就是寂止的修持。待行者對寂止獲得一定的穩固後，再進一步為其介紹勝觀的修持，這樣的作法是以寂止為基礎而修持勝觀。在金剛乘的薩瑪派，也就是包含噶舉派、薩迦派與格魯派的新譯派，尤其重視這樣的次第。這些傳承之所以強調寂止，是將其視為修持勝觀前的重要起始點。如果心無法安定，將難以清晰照見自己的本俱自性，如同在波紋陣陣的湖面上，無法清楚看見倒映的面容。

而在前弘舊譯派或稱寧瑪派的傳承中，同樣需要修持寂止，但並不是**那麼**必要。所有的宗派都區別了二元心與佛性，後者亦即本覺。修持寂止的目的是要削減二元心的力量，當二元心變得較少且較弱時，佛性也將變得更為明晰、清楚與顯現。

通常在寧瑪派的傳統中，打從一開始就將本覺與二元心分開，並專注修持本覺。對一些弟子來說，馬上區別二元心與本覺，且直接由非二元的本智開始修持，是一種很方便的做法，能夠如此而為的弟子便可藉此有所進展。但這方法對其他人來說並不怎麼適用，要他們區別二元心與本覺並不容

易；以後者這類的弟子而言，依循次第漸進修習是比較實際的方式。基於這個原因以及其他諸多的考量，薩瑪與寧瑪這兩種傳統的存在是很好的。不同類型的弟子需要不同的修持法門。

在噶舉派所依循的薩瑪傳承中，是以「四瑜伽十二階❶」來描述大手印，並稱之爲「解脫道」。大手印之道是漸進的法道，依次第而循序地由「專一」瑜伽開始，接著進展至「離戲」、「一味」，最後則是「無修」。我將在本書後續章節內詳細解釋這些瑜伽，現在只先提到最後的「無修」境地。此時二種遮障與相關習氣都完全止息、消融，二種無上智慧也由內而圓滿，此即是究竟佛果、正等正覺、金剛持之廣大了悟。虔敬、睿智且精進不懈的學生，有可能在此生中達到這樣的境地；若非如此，則或於臨終、或於**中陰**而成就。又或者，若能再度與法教、具德上師產生連結，則至少能在三世或六世中成就。只要**三昧耶**（此爲後續章節要討論

---

❶ 大手印修持層次分為「專一」、「離戲」、「一味」、「無修」四瑜伽，每一種瑜伽層次又可分上、中、下三品，故共為十二階段。

的另一個主題）未毀損，就必定可以解脫。

如何於臨終與中陰時求解脫

我們現在先簡單地談談中陰。在臨終與中陰時，因為我們不再受到身體的束縛，較容易獲得解脫。然而不幸的是，這段時間裡，我們的憂慮、希望與恐懼將變得更加強烈，故而此刻也很容易感到迷亂。在中陰時，心識感受到的恐懼比在世時還要強烈百倍。同樣的，此時的期望與渴求也會強烈百倍。

我們的心目前正受困於有形的身體中，而身體可說是如千斤重擔般地拴住了心識。而心與身體分離之際，在心識離開身體時，心會變得較為輕盈。又因為它不再受到身體鎖鏈的拘束，心可能更容易變得驚懼不安、疑神疑鬼，任何生起的念頭都可能影響它。有些經典將此描述為任由強風吹襲的羽毛。心從身體鬆脫出來之後，只要一想到任何場所就能立即抵達。

因此，我們在今生、現下的修持便極其重要，絕對能為自己帶來幫助，依此即可在臨終或中陰之時幫助自己。佛法

修持於死亡之際勢必有所助益，我們應當要完全了解這句話的含義：修持佛法為何能帶來幫助？又如何能帶來幫助？所謂的臨終解脫，並不只是因為過去曾經行善，所以死亡時善業將陪著自己，這並不像是你揹著裡頭裝有白或黑行李的背包，帶著自己的善或惡業進入中陰。而是說，若我們死時感到迷妄，就會帶著妄念隨行。我們必須讓心離於迷亂。

要在臨終和中陰時獲得解脫的要點，在於應了**知如何解脫**。我們需要在自己還活著的此時，現在就修習以獲得解脫。禪修指南提到了一個標準，我們可以藉此檢驗自己的穩固程度如何。首先，作夢時要能覺察自己正在夢境當中；接下來若你能夠認出心性，並且能延續這個狀態長達擺動藏式長衣袖七次的時間，你就能在中陰時獲得解脫。此處最重要的一點是，我們要在仍活著且清醒的時候實修，並在睡夢中審視自己的進展。比起清醒時，我們在睡夢中的掌控程度較低；然而若與夢境相比，中陰時甚至更加難以掌握。

最好的情況當然是我們要以能讓自己有所進展的方式來修持，領受更多教導並加以實修，而且在夢中檢驗自己的進展程度，如此一來，臨終或中陰之際便能獲得解脫。否則，

沒人能保證我們究竟能否解脫。若現在就能百分百確定，不是比較好嗎？讓自己現下的修持獲得穩固，面對死亡時毫無畏懼，這真是太棒了！

要認出心性並不容易，但要成就穩固則更加困難。要持續保持賢善的特質是不容易的，但若是要自私或消極就容易得多。不只說到心性是如此，一般物品或動物也是相同情況。品種特殊且優良的動物非常稀有也很難照顧，但不討喜的昆蟲卻是數量龐大，到處都是！同樣地，非常精美且罕見的物品難以入手也不易保管，反倒是粗製劣造的東西很容易就能到手。

心性滿願寶

心性猶如滿願寶：它即是佛，是覺醒之境地。要真正認出心性並保任心性之相續，這一點非常重要。我們的本來面目即是真正的佛，從來都沒有誰阻止我們認出它，反而是自己阻止了自己。我們也許會用惡業或煩惱等宗教詞彙來為這些阻礙取名，用這些文字來轉嫁責難。然而，業與煩惱不過只是個名稱，其實是我們的念頭在標記它們。**是念頭讓我們無法直**

按照見真正的佛、照見心的本質，看來是念頭阻擋了心的本質。如此的念頭種類繁多：例如我執與自私等等的壞念頭，或者是善心與善念的好念頭，另外也有無記的念頭。而這三者的共同之處在於它們都是念頭。不僅惡念會遮蔽我們的本俱自性，善念與無記的念頭也同樣會遮蔽我們的真實自性。

無論是何種方式的耽溺或執著，那仍然是耽溺、仍然是執著。倘若一位富人執著他的財寶箱，這是一種執著；而若一位窮人執著他的拐杖與乞缽，也是一種執著。耽溺和執著，與對象的價格或美好程度無關。執著與耽溺是一種態度、一種心態。

我們需要非常清楚明白，不僅是惡或無記的念頭遮蔽了本具的真如、我們的佛性，善或好的念頭也同樣會遮蔽它。只要執持**任何**形式的概念，基本上即是對事物帶有分別念，本具真如就會受到遮蔽。偉大的文殊菩薩說：「**若執著生起，則失正見地 ❷**。」若心中有任何執著，每個分別念都

---

❷「遠離四種執著」是薩迦班智達在一次文殊菩薩淨相中所領受的教導。此四句偈言為：「若執著此生，則非修行者；若執著輪迴，則無出離心；若執著自利，則無菩提心；若執著生起，則失正見地。」

可能掩蓋且占據了本具真如，正見便無法呈現。另一個類似的說法是：「**心無作意，即大手印。**」心中沒有任何作意，不迎、不拒任何的分別念，這就是大手印。

　　無論你依循的是經部或續部、三乘或九乘的教導，都有一個相同的要點，那就是：必須消融、捨棄執著自我為實的分別念。在離於作意的那一刻，空明雙運的心性即可當下顯現。大圓滿法教稱此見地為**本淨立斷**。「本淨」代表的是本初清淨，「立斷」則代表徹底切斷。其禪修則是**任運頓超**。「任運」代表任運自成，「頓超」則是直接超越。

　　立斷的藏文「**徹**」代表完全徹底，「**卻**」則是切斷。此處並不是只稍微切斷、還留有一些分別念。立斷的意思是完全、徹底地斷除迷妄體驗。此即是大圓滿修持的精要：徹底中斷業與煩惱、妄念與分別念。就在認出的那一刻，川流不息的思緒已被切斷，過去念已經止息，未來念尚未到來，且當下念還沒生起。我們無法確切地說行者這段時間可持續多久，此事關乎個人的修持力所以會因人而異。而在切斷的這一刻，輪迴的體驗中止了。對喜悅與悲傷、接受與排斥、期待與恐懼的所有執著皆已消融、消失，不留痕跡。在這段時

間內它們都已被清淨，此時本具眞如便擁有廣大的功德。

這時可能會冒出哲學式的問題，然而眞如難以藉智識的方式來掌握。對一般人而言，很容易會認爲**有著**某些事物的存在。例如，有地存在、有水存在、有石頭存在、有樹存在、有火存在，這些結論似乎是非常直覺的。至於慣於哲學思辨的學者則常會主張事物不存在，並建立邏輯的推論。然而對修行者來說，情況則有所不同。一般人所體驗的現實是堅固且具體的，有著種種顏色、形狀與各式各樣的屬性，但修行者的體驗則與之不同。

某些學者會主張：「**心非實體，亦非完全空無。**」我們的自心實相不能用哲學式的否定來談論。心不僅僅是空無的空間。許多具有才智的哲學家主張，從色蘊乃至遍智境地之一切皆空且無實有。然而，在佛教的內密法教中提到：「**縱然一切爲空，佛身佛智非空，此爲佛陀教言**」。對哲學家而言，這樣的說法聽起來好像諸法並非爲空，而如此的推論是有風險的。麻煩由此而起，事情也變得非常複雜。人們已爲了如何正確闡明究竟實相而爭論了數千年之久，直至今日仍未停歇。

這些問題來自我們心中的強烈習氣。每當聽到一件事情是這樣,我們馬上認定事情只能如此。如果聽到某件事情不是那樣,也認定就是如此,我們認為這些是零和式的差異。然而,不要以為這裡提到的「佛身與佛智」,其存在方式與迷妄心所感知的尋常事物相同。佛身與佛智與我們自己的存在方式並不一樣,也與分別心所感知到的諸法那種表面上的存在方式大不相同。

當我們聽到事物不存在的說法時,會覺得這聽起來不怎麼真實,因為在我們的經驗中這些事物都的確存在著。我們用自己習慣的經驗作為基本的標準,判斷何者為是、何者為非,這完全合理。但說實話,如果我們習慣的經驗是錯謬的、迷妄的,我們要如何作判斷?誰能真正決定一切?「是我。是我的心在決定,這很重要。」但是,受困於業與煩惱的這顆心,要如何決定誰是真實的呢?

與此相反的,我們應當讓自心一次又一次地安住於大手印或大圓滿的見地,並加以修習。**再再地認出本具真如,完全離於一切戲論,此乃成就諸佛心意之基石。**這個修持離於妄念、業與煩惱,是了悟法身的修持。而含括觀想與持誦的

生起次第，則是成就報身的修持。當我們帶著清淨的發心，祈願以無量的方式利益他人時，無論我們身在家中或聖地，又或是聖物的面前，那一刻便是在修持化身的顯現。我們生起強大的願力：「願於未來時，化現量等三千大千世界微塵數之菩薩眾，一一皆能饒益有情眾生。」像這樣源自大悲、願能利益他人的真摯發心，即是將來能夠顯現化身的基礎。

覓得本初心

讓我們進行能了悟法身、了悟諸佛心意的修持。請讓自心安住在離於過去、現在與未來的狀態中。其中不保留二元性，不分別禪修者與禪修對境。由於我們有著五根，還是會習慣去想著我們所感知到的。修持時，我們要努力用一種不同於平常輪迴的方式，而要從輪迴轉向。所謂的輪迴，是指每當我們一想到什麼，隨即亦步亦趨地在心裡牢牢緊抓這些念頭。現在我們則要努力不再如此而為，試著對一切的感受都不執著。

我的父親怙主祖古烏金仁波切曾授予一個簡單的竅訣，亦即「**直指竅訣**」，他讓我了解如何不再執著自己所感知到

的內容。一般的狀況下，我們的六根，特別是眼根，會追隨著感知的對境。而我們的心、我們的思惟，則去觀看並對所見的事物形成念頭，接著我們便陷入那個念頭中而無法自由，這就是輪迴的方式。而竅訣是有關如何從輪迴中鬆手、如何解脫、如何不起執著的方法。讓五根保持敞開而不涉入什麼，不執持感官對境。所謂的認出心性，也稱為取得本然之位、無二覺性的本初之地。在思緒陷入感知對境的瞬間，你就失去了本初之地。當注意力受五根吸引而忙著思惟感官對境時，覺性便丟失了本初之地，丟失了它本具的穩固。我們需要讓自己就處在畢竟空、究竟赤裸且寬廣敞開之中。

釋放覺性，無有依憑，

進入寬廣敞開之境。

如此之平常心、

如此之本智，恆時都於內在，

即為我們的根本狀態。

我們未曾片刻與之分離。

縱然本俱自性

與我們未曾毫秒分離，

但分別心卻將之遮蔽。

應知是二元念頭造成了蓋障。

現下必須運用方便，清除此造成遮障之習氣。

必須將其淨除。

正因本智不曾與我們分離，

即使片刻也未曾暫離，

故二元分別消融之際，

佛，將於內在覓得。

此爲我們得以證悟之因，

此爲我們隨時都可能覺醒之因，

亦爲我們能於內在

覓得自性、

覓得本初心之因。

執著消融之刻，

此即所稱佛性。

有各式各樣求得諸法實相定義的哲學，而佛教哲學則有

一個特點，那就是主張：覺醒之境地就在我們的內在，它已準備就緒，等著要被發掘。經典中提到：「**眾生本為佛，然為客塵遮**」（眾生本來就是佛，只是被暫時的染污所遮蔽）。一切眾生都已具備自性本智，共同教導中名之為「佛性」。正因為擁有如此的本初心、佛的潛藏力，故而一切眾生皆能證悟。每一位都能成佛，每一位都具備這樣的能力、這樣的準備就緒。

若擠壓沙子，永遠都不會得到油，因為沙並不具備油的本質。但芝麻籽則具備油的本質，因此能從中榨出油來。即使有人宣稱這不可能，但仍然會發生。它可以發生，完全沒有問題。你無法發布禁令而不讓芝麻籽具備油質，你無法否定或駁斥這個事實，它就是有那份油質。但要讓油從中釋出，則需要一些功夫，只要花上一些力氣、一點擠壓即可。

或許可說我們都一樣擁有如此的油質，奶油般自然豐潤的證悟本質，而它是能顯現的。我們擁有經典所提到的本初智、平常心、自性。我們只需要提供正確的環境，讓它能成為真實的體驗。而一般說來，所需的環境即是圓滿資糧與清淨遮障。更進一步來說，經由學習並了解我們的自性為何之

後，則需要運用方法來認出它，並保任這樣的認識。修持是不可或缺的。

　　請諸位讀者好好修持，以自己的親身體驗吸收上述的義理。我們可以無止盡地談論或閱讀與實相有關的教導，尤其是本俱自性究竟為何的講授。但若只進行理性上的探討，則好比想用雙臂來量測天空的寬度，終究只是枉然。我們的根本自性，它遠遠超越了分別心所能觸及的範疇。

7

方便與智慧

我們應當記得三個極為重要的準則，即所謂的三**殊勝**，或稱三善法。首先，殊勝前行是以皈依與發菩提心開始，皈依是指九種皈依對境❶（對象），而菩提心是指「**願我為利益量等廣大虛空有情眾生而了悟法身自性**」的發願。

其次是殊勝正行，必須先了解我們的自性，自心的本性即是佛心，即是覺醒的狀態。我們之所以陷於迷妄體驗、造作業與煩惱、經歷六道輪迴的無數磨難，就是因為我們未能認出自己的自性。而第三項的殊勝結行，則要為一切有情眾生迴向福德並清淨發願。

回頭來談殊勝前行，皈依發心可以是非常歡喜的修持，我們滿懷感激之情，以洋溢的喜悅來皈依。這是非常真摯的心情、非常欣喜的心態。同樣地，希望幫助一切無餘眾生的大悲願也是相當美好和懇切的。基本上，皈依發心的態度是

---

❶皈依可分外、內、密三種層次，分別各有三種所依；外皈依的對象是「三寶」，即佛、法、僧；內皈依的對象是「三根本」，即上師、本尊、空行；密皈依的對象是「自性菩提心」，即風、脈、明點的殊勝法門。此外，大圓滿法教中提到所謂的究竟皈依，是指皈依我們自心本性中的三身，亦即體性空、自性明、大悲周遍。詳見 RigpaWiki.org 之說明。

虔敬與悲心。**在一切二元心當中，沒有比虔敬與悲心更清淨、更純粹，或更真摯的了。**

用虔敬對治二元

虔敬於此代表的是，因了解到真實義（實相的見地）與究竟目標，而隨之生起的信任。而悲心則是一種無有偏私、離於任何偏見與侷限的慈愛心。我們的悲心能涵攝一切流轉輪迴的眾生，從地獄的最深處至天道的最高層都能遍及。以四種投生形式流轉六道輪迴的所有眾生，三界有情未有一者能超越業和煩惱。只要還有業與煩惱的因，它們帶來的果，也就是痛苦，必然會成熟。唯有等到自己得到解脫，否則在這之前，我們仍無法幫助他人、無法度脫他人。

所謂因認識到真實義而生起的虔敬，包含我們對殊勝佛寶、殊勝法寶、殊勝僧寶此三寶功德的了解，尤其是指對遍智證悟佛果此覺醒狀態功德的了解。證悟的功德與善德包含慈悲、智慧、佛行事業，以及護他、利他之力用。只有在佛果境地才能完全具備這些功德，若要成就這些功德，我們必須成就正等正覺的佛果。除了殊勝佛法之外，再無其他的法

教能引領我們成辦這些功德。因此，依循佛法的無上教導與竅訣是我們唯一的道途。

而我們要從何領受法教呢？我們自己或許會研讀書籍，但僅這樣做無法眞的發揮作用，我們必須從修道導師，也就是實際具備並體現這些教導的善知識 ❷ 之處，領受活生生的教言。應當思惟，除了皈依佛、法、僧，我們別無他法。雖然我們暫時皈依僧寶與佛法教導，然而究竟的皈依對象，則是具備悲、智、力功德的遍智佛果。明白這一點就稱爲「了解緣由而生信」。

虔敬可分爲許多層次，如「清淨信」（崇敬的虔敬）、「欲樂信」（希求或渴望的虔敬）、「勝解信」（深信的虔敬），以及「不退轉信」（不動搖的虔敬）。隨著了解與體驗的增長，我們將經歷這些不同層次的虔敬。由聞、思所獲得的智識理解，難以超越清淨信與欲樂信的階段。待我們有直接的親身體驗後，將會培養出具有眞正信任與信心的勝解信。而最後，唯有徹底離於懷疑，此時才可能實現毫不動搖

---

❷ 或作「善友」，是指正直有德，能教導、引導行者契入正道之人。

的不退轉信。

當我們藉由學習與思惟而有更多的領會時，教導將顯得更加眞實可靠，我們的意趣也將更爲增上，同時是眞誠且不虛僞的。這即是崇敬且希求的虔敬（清淨信與欲樂信），我們**渴望**成爲那樣。而等到我們對自己的心有越來越多的體會後，將能拓展由個人經驗所增長的了解。在親身運用教導之後，我們開始注意到法教**確實**有其作用。我們發現自己能了悟所應了悟的，且能於個人內在顯現慈悲、睿智與出離心的功德。這一刻，我們以自身經驗爲基礎，對教導生起了信心。那不再僅是聽起來激勵人心、富有智慧的教導，而是從自身所獲得的**領悟**，這是一種不同的虔敬，是能夠展現眞實信任與信心的虔敬（勝解信）。而當我們逐漸熟諳心的本質，亦即我們的自性，並且對此獲得體驗時，此刻的虔敬（不退轉信）將變得無可撼動。

我們尤其要感激所受教導的來源。我們是從自己的上師與祖師，也就是現世的傳承持有者之處領受教導的。因此，我們對教導的根源心懷感激和信任，不僅對自己的上師，而且對所有的傳承祖師也都如此。特別是對釋迦牟尼佛，他是

一切法教的根源，也是當今賢劫的第四佛。所有不同的傳承法脈，都是因為他而得以萌芽。因此，對這位在此劫出世的釋佛，我們打從自己內心深處，生起了信任與信心。

　　釋佛的事業超越了凡庸概念的範疇，是不可思議的。而當今時代，讓我們得以與佛陀事業產生連結的代表物，便是佛法。如此的殊勝佛法，即是當今時代的佛陀代言人。佛法教導我們如何斷除一切缺失與過患，如何讓證悟功德得以盛放。佛陀於過去曾經以他的身、語、意展現廣大神通，以各式各樣的方式顯現其神通力。但佛陀最偉大的神通，則是宣說佛法。佛陀教言相應於萬物的自性，與諸法的真實樣貌毫無矛盾之處。對我們而言，若要對佛法抱持批判的態度，檢驗並分析這些教導是否為真，如此的做法完全沒有問題；而若要以我們內在經驗來審視佛法是否真的有效，這也同樣沒有問題。我們應當試試看自己是否能證明佛陀的教言，無論是努力減少自己的缺點，或增長較為善好的特質等；如此一來，我們將發現佛陀的教言不僅毫無瑕疵，還具備了所有善妙功德。

世間善與空正見

一切佛陀教言皆可攝於「方便」與「智慧」這兩個要點。我們可說方便爲世間善,智慧則指空正見(空性的正見)。直到我們讓自己的分別念完全消融之前,依然會有善業與惡業、過去世與未來世,以及善有善報、惡有惡報的出現。只要尙未放下這樣的分別念,時間便不會消失,昨天曾經存在,明天也將到來。所以時間似乎是存在的,正如同當下此刻,一刻復一刻。更廣泛地說,昨日、今日、明日,一日復一日。若是更加延伸這個觀點,也就是一生復一生。

然而,在實相的層面上,時間只是戲論,無法證明時間的存在。無論我們如何檢驗,都無法指出時間。而事實上,無法指出時間、無法確定時間的存在,並不代表我們能力不足,而是說明了時間爲無形、非實質的。時間並非一種能在某處找到的具體事物,它從未眞實存在過。之所以有時間的出現,僅是因爲有個念頭**認爲**時間存在。時間是念頭創造的產物,這與堅實物體、有形物質是一樣的道理。物質好像是有形的,只是因爲它被**認爲**如此。時間與物質打從一開始就

不具有任何的實存。這世界上所有的衝突、一切的問題、任何的爭論，基本上都不是眞的存在！但人們卻因爲相信它們眞實存在著，而讓自己眞心誠意地投身其中。

直到我們現在的分別念徹底消融前，輪迴都不會消失。直到我們現在的分別念消融前，我執都不會消失。直到我們現在的分別念消融前，以自我爲中心的執著都不會消失。然而，當下分別念消融時，便沒有業、沒有煩惱。當下分別念消融時，便不會有業的形成。在認識到眞實見地時，便沒有業，因爲它超越了業。另一種說法則是，離於分別念，即離於業的造作。一旦心執著或緊抓著分別念，業與煩惱便於彼時彼處形成。反之，分別心消融的那一刻，沒有煩惱的形成，也沒有我執的形成。**於本智之焰中，難容分別念之髮。**

就佛教對方便與智慧的一般性教導而言，方便代表的是斷惡行善。具分別念、有對象的善，稱爲有漏善或世俗善，這樣的善能夠累積福德。我們於寤寐之間，都應時時注意自己的心態。在一日之中的任何時刻，都應努力對自己的實際所爲帶著更多的正知與正念。每當覺察到自己變得負面、不友善或是相當苛刻時，便應盡己所能地改變這些狀況，即使

是最輕微的負面心態也需要轉變。同樣地，每當覺察到自己生起善心、賢善清淨的心、慈悲為懷的心，便應試著延伸這樣的心來涵納更多的眾生，直到我們的心量變得極為廣大。盡可能依此薰習，即使只是最小的程度也無妨。以上是有漏善法的修持，要時時運用並修習之。

人們會想：「我沒有時間修持」，但事實並非如此，我**們的確有**時間修持。任何情境下我們都能讓自己的行為、語言、態度變得更仁慈或更良善。佛法修持就是這樣。與此相違的則是自私的負面情緒，它們看似自然發生，但其實則源自於我們的習慣。因此我們必須保持警覺，不要把所應接受的與所應斷除的混淆了。

這些分別心有時會躲起來，樣子不見得總是那麼明顯。有時它非常調皮，可能會糟糕到完全不聽話。我們也許覺得自己很好，但其實不然。我們或許努力當好人，但我們似乎做不到。這樣撒野的心必須讓它變得柔和，〔否則〕若是更嚴重者會表現在行為上，再加深重或強烈者則將造作惡業。而我們的心若能變得更為賢善，我們將會體驗到更多的善意與美好，更為甚者則將創造善業。

無時無刻都要保持警覺，留意自心的狀態。這個心、我們的心態是很重要的，它是最關鍵的一點，我們的身體言行都不及這顆心。身和語都是心的僕人，我們必須訓練這個心、這個態度。若要成辦這一點，便要從皈依發心著手，讓皈依與生起菩提誓願這兩種態度滲入自心之中。如此累積福德的有漏善法，稱為**積聚福德資糧**。

　　再次提醒，所謂離於參照點的正行，意思是指讓我們自己完全離於分別念。空的同時，亦豁然分明，這即稱為**積聚智慧資糧**。

　　三善法的最後一種，是將福德迴向一切有情眾生而作為結行，此處的福德即是之前提過的福德資糧。如此一來，我們的所有修持都能以二資糧的架構來進行，且藉由這個修持，我們能夠圓滿二種資糧。教導常提到：「**認識二諦雙運為基，實修二資糧雙運為道，了悟二身雙運為果**」。

　　「**認識二諦雙運為基**」。二諦是指一切體驗、一切感知都不具真實的存在。然而，你無法否定各種生起的體驗，那確實是遍及一切的。然而同時，它也不具備任何的實質存在。體驗能夠顯現，但它也為空。而體驗與空性的無二無

別，即是二諦雙運。

「二資糧雙運爲道」，這包括具分別對境或參照的福德資糧，以及不具分別對境或參照的智慧資糧。「二身雙運爲果」，這包括法身與色身。當我們對二諦雙運爲基的了解更多，對二資糧雙運爲道的修持就更爲容易。而當我們對二資糧雙運爲道的修持越能實踐，我們就越接近了悟二身雙運的果。

另一方面，我們也可說悲心爲方便，空性爲智慧。因悲心之故，我們將自然而然地奉行善行、禁斷惡行。悲心能讓我們自然克制傷害他人的行爲，並施行饒益他人之事。**一切善行之根即爲悲心**。而與之相違的自私，則是迷妄的，而這也是惡的真正定義。一切智慧當中最爲殊勝者，即是能切斷輪迴根源、徹底中止輪迴的智慧，也就是了悟無我的智慧，亦即所謂的空性甚深見地。簡言之，**佛教修持的精要，爲具大悲精藏之空性**。正因空性和悲心二者之雙運，以此空悲雙運便能斬斷一切煩惱的真正根源。就二資糧而言，福德資糧是有所緣的，智慧資糧則超越所緣。從道〔的層面〕來說，修習悲心與空正見將自然而然圓滿二種資糧。若再進

一步攝要總說，則於認出自心本性即無為空明雙運的那一剎那，空正見與無偏悲心將自然現前。

當我們更進一步修習而認出自心空明雙運的本質，悲心方便與空性智慧將更為明晰、有力，且更為增上。此即是離於分別的智慧與超越偏私的大悲。教導常提到，當你能從內心深處生起深切的悲心時，此時將更能體悟空性。誠如第三世噶瑪巴所說：「**心懷大悲時，空性赤裸現。❸**」

若要真正體現善行、斷除惡行，就需要悲心，這是唯一的方法；若想引領一切眾生趨入菩提，就必須具有悲心。實際上，諸佛的所有功德都由悲心而生。空性智慧能確保我們超越輪迴，悲心則能讓我們免於消極地住於涅槃，讓我們為了一切眾生而行使無窮無盡的證悟事業。正如這句名言：「**由智慧與悲心故，不落輪迴、不住涅槃。❹**」

---

❸ 出自第三世大寶法王噶瑪巴所作《了義大手印祈願文》，原句為「難忍大悲妙力無礙悲，同時體性空義赤裸現。」本書所引用之《了義大手印祈願文》為敦珠貝瑪南嘉譯作。

❹ 參考《攝大乘論》卷十三：「由般若不住生死，由慈悲不住涅槃。」

正念之必要

我們於實際修持時，則需要某種提示。這個提示稱為「正念」或「憶念」。在剛開始的階段，也許是像這樣的念頭：「現在我要來認出心的自性！」沒錯，這帶有分別心，它是個分別念，但這是個必要的提示。對於認出心性尚未習以為常的人來說，需要提起正念，需要刻意的提醒。我們必須先刻意提醒自己認出心性，否則一切都無法發生。

對初學者來說，由於尚不具提醒自己認出心性的習慣，要將修持融合在每日作息中是有難度的，因此座上修持有其必要性，需要像短期閉關一樣，安排時間場所以進行修持。座上修與閉關都相當重要。我們於座上進行修持，在禪修當中，我們的渙散、忙碌、分心將能減少許多。

以更實際的層面而言，我們在座上修持時仍有渙散，這是當然的。而渙散會以掉舉或昏沉的方式發生。昏沉是一種懈怠，這代表我們不在意自己已經半昏睡了。當我們心思渙散時，無論是掉舉或昏沉，我們都已經偏離了修持、中斷了修持。**掉舉與昏沉為禪修的兩大敵人**。當我們掉舉或昏沉

時，無法認出等持（三摩地）、無法認出止觀、無法認出寂止與勝觀的本來面目。需要經由提示，也就是「正念」，讓我們保任空明雙運的本質。**真正的修持，是處於無執著的空明雙運之中。**一旦心生起了執著，修持便已被拋在一旁，而正念就單純是對於修持的提醒。倘若只是以二元性的方式保持正念，則仍然無法進入真正的修持。

我們在剛開始學寫字時，必須保持專注，用所有精力一筆一畫地寫出每個字母。但現在我們完全不需要多想，不是嗎？若是一開始時不注意字母的形狀大小、不留意手的姿勢，寫出來的字將變得一蹋糊塗，也許寫得不清楚，又甚至是寫錯字。而一旦我們對寫字變得熟練，就能寫出正確的形狀、正確的順序，越來越不會出錯。每一行、每一字都能展現它的力量與意義，清晰且分明。這樣的能力得從何而來？若無修習，就不可能發生。我們書寫的潛能正是因為練習才能顯現，〔也因此〕我們如今已成就了寫字這件事。

重要的是，我們應了解，一開始時都需要努力，讓自己的手努力實作、重複練習，而現在我們已不需那麼費力，我們此時的書寫已經是真正的無須勤作。學習閱讀也是相同的

狀況，在剛開始時，我們都必須分辨每個字母才不會混淆。在你初學時，看著每個字母想要讀誦，卻沒辦法念出來。即使念出聲，仍然無法閱讀。而現在你已經完全熟習閱讀了，你不需要想哪個字母是 A、哪個字母是 B，你就只是像河水流動一般地直接讀。這個例子很貼切地說明了，若要超越刻意勤作，修習是有其必要的。

在剛開始的階段，我們需要刻意的提示。藉由一定程度的正念力量，能讓我們把自己正在進行的事情做好。隨著持續的修習，我們漸漸不需要這麼花力氣。**尚未嫻熟時，仍必須勤作**。而現在，我們尚未完全熟稔無有執著的空明雙運，而為了開始作此修持，仍需要刻意提醒自己。當我們一再重複地提醒自己以認出根本自性時，我們會逐漸變得熟練，而越來越不需要刻意提醒。到了某個時刻，我們將變得非常習慣，再也不需要刻意提醒。這並不像是新的開始或新的狀態，而是完全自然的。也不像是：「之前我修持的是刻意的正念，現在我要開始改成無勤的正念。我的修持展開了新的篇章！」完全不是這樣的狀況。如果你做得到，那就隨你！但若只是靠著這種企圖，〔所謂的無須勤作〕真的能夠發生

嗎？〔並非如此。〕無勤比較像是在你越來越不需要刻意提醒自己時，將會自然而然發生的一種非人為過程。就只是不需要再提醒了。

大手印的教導中，有許多彙集禪修心要的簡短偈言，這些是非常珍貴的教導。其中一句是：「**憶念愈勝，禪修亦愈勝❺**」，意思是當你越常刻意提醒自己認出自性，修持就會變得更好。另一句提到：「念頭愈增，愈可照見法身❻」，此處並不是向凡庸的分別念屈服，而是要以每個念頭認出無分別念的本智，如此「念頭愈增，愈可照見法身」的修持，也意味著「煩惱愈盛，智慧亦愈盛❼」。請用心了解這些要點的細微之處。

能讓我們直接面見自性的，是什麼？剛開始時，是刻意

---

❺參見蔣巴·桑波所著，噶舉傳承《金剛總持祈請文》：「教云毋逸即是修正行，隨顯即悟體性自如如。」或《恆河大手印》：「若無散亂即是禪修王」。

❻參見《金剛總持祈請文》：「教云妄念體性即法身，所顯非真宛然而顯現。」

❼噶千仁波切開示：「正念明覺有如火焰，五種煩惱有如燃料（柴薪）。當火焰焚燒柴薪時，柴薪本身便成了火焰，並讓其更加熾盛。因此，煩惱和本初覺性是無有分別的。它們『就是』本覺，這是大手印的見地。」

提醒；接著，則是無需勤作的提醒；其後，在歷經更多的修習並獲得穩定後，任何起心動念不再只是盲目執著的裝飾物，反而都成為「覺性的嚴飾」。所有的起心動念都將自然地為我們再次引介自性。當各個起心動念不再觸發凡庸的尋思，而是成為無分別的本智，此時，你的修持已來到較高的層次，已經超越專一、超越離戲、超越了下品一味或中品一味，幾乎可說是達到大手印中上品一味的境地。此時只剩下無修的階段——**無修的法身王位**。

這好比我們的學習，起頭總是難的，接著就變得越來越簡單，到最後整個都會變得很容易。請好好了解這個要點：「**我們目前〔仍〕要靠刻意提示的修持，來讓自己保任佛心意❽之相續**」。

此處所說的提示，在共同教導中稱為「正念」，用的是同一個詞彙。共同教導之所以非常重視正念，是因為它**真**的很重要；然而在大圓滿與大手印中，正念的作用並不相

---

❽此處所指為自心之中的佛心意。參見怙主吉天頌恭所著《一意》（*Gongchig*）：「一切諸佛本住眾生心。」噶千仁波切開示：「吉天頌恭曾說，自心、佛心、眾生心，都具有相同的基礎」。

同。正念的普遍角色是要讓自己記得斷除惡行，同時提醒自己行善。在寂止的修持中，提起正念的意思是要記得運用「寂止」的方法，讓自己的專注力能保持靜定。教導提到：「時時復刻刻，正念勿丟失」。你是否也經常聽到這樣的說法呢？如此的正念仍是帶有分別的，換句話說，這是要**保持留意**。觀看者必須不停地看，不停地問：「現在發生什麼事了？」這也是另一種好的修持。至於我在此提到的正念，則是指有個**提示的剎那**，下一個剎那則要放下觀看者、放下那份留意（憶念），任其消融。

否則，若一直保持留意，就會產生分別，變成一種形塑事物**是**什麼的方式。在「保持留意」的概念消融前，無法真正見到空性；在這樣的概念消融前，無法了悟無我；在這樣的概念消融前，你太過在意要見到空明雙運、見到心的本性。心性是無執著的空明雙運，若心裡仍有保持留意的**概念**，就成了有執著的空明雙運。總結所說，在所有的分別念、各類的概念都得以消融的那一刻，你將完全離於它們——而此刻，你已契入了佛之心意的本俱自性。

8

片刻自由

當我們的無上導師釋迦牟尼佛在菩提迦耶的金剛座成就正等正覺菩提時，他說了此四句偈：

> 猶如甘露妙法吾已得，
> 深寂離戲光明亦無爲，
> 説示於他任誰皆不解，
> 吾當無語獨然住林間。

　　從這幾句話可知道，佛陀表示他不僅已認出心性並修持之，而且已對此了悟證得圓滿穩固，再也沒有比這更加深妙的了。了悟心的自性，是指無論任何煩惱的來去都能處之泰然，就像是完全寂靜的廣闊大海，不因任何浪潮起伏而被擾動。相同地，「證得寂止」或稱爲「圓滿奢摩他」也是一樣的情況，而且這同時也是離戲的，離於一切戲論，絲毫無有造作。這也是空正見或超越戲論之空性的另一種說法，亦即佛陀二轉法輪時所宣說諸法無有自性的教導。

　　心的自性並非只爲空，佛陀使用「朗朗分明」，或是「沃色」（ösel，藏文音譯），也就是「光明」來描述心。心

的自性能夠明了，在那當中有著本具智慧，或稱爲本智、圓滿的智慧。它是甚深、寂靜、離戲、無爲的光明本智。任何有爲法終將泯滅、誕生終將消逝。而這個甚深、寂靜、離戲、光明的本智，它無生也無滅，超越了生與死。

　　佛陀認出了這個本初狀態，以此修習並證得穩固，並進而成就正等正覺之佛果。我們也必須獲得了悟並成就佛果。即使在陷入二元執取的習氣時，我們的根本存在當中仍然具有無執、無二的自性。而在二元執著消融的那一刻，無有二元分別、無有執著的本質將得以顯現。以這樣片刻的自由、片刻的解脫爲基礎，就能成就廣大解脫。若未親嘗過或體驗過這樣的片刻自由，我們無法在轉眼間抵達廣大解脫。**認出這個執著二元的心，其眞正本質乃是無執、無二的狀態，這就是片刻的解脫。**認出此根本狀態，其本身即爲片刻解脫，也就是從業與煩惱中解脫。

　　輪迴的根源、創造出輪迴的，正是我們的煩惱與念頭。而在無二智現起時，此刻沒有念頭形成，也沒有念頭駐留。因此這一刻完全離於業與煩惱、期待與憂懼、取納與拒斥。在這樣的自由當中，沒有分別念形成，也沒有什麼能駐留。

讓心安住自性，

空與明的雙運。

不執著，

不生起分別念，

就此抵達了本俱自性。

這一刻，無有一切惡意與善意。

這一刻，未造任何善業或惡業。

無須取納、無須拒斥，

這就是自性。

於此剎那間，

全然解脫了輪迴，

全然解脫了業與煩惱。

縱使僅只片刻，

何其令人驚嘆！

我們於轉瞬間覺醒，

從妄念之眠中醒來。

然而，此處仍然不夠完整、少了什麼。由於我們並不習

慣安住於本俱自性的相續，不習慣安住於這樣的自然狀態
中，因此會再度丟失這個正在持續的根本空間。把我們從根
本狀態中踢出來，或讓我們走上歧途的，是什麼呢？是業，
也就是我們根深蒂固、總在想著什麼的習氣。我們非常習慣
於生起一些念頭並且沉溺其中，因爲這個習慣，我們會自然
地再度開始思惟，而至於這些念頭從何而來、發生了什麼，
我們甚至毫無所悉。正是這個習氣的力量讓念頭生起，產生
了過去、現在、未來的各類念頭。也因此，種種的念頭、種
種的思惟遮蔽了本俱自性。過去念與回憶有關，像是發生了
什麼、我們做了什麼、出現了什麼事件。未來念則是計畫要
做什麼、將會發生什麼。當下念則是透過任何的五根或於內
心的場域，對正在發生的事形成了分別概念。由於心的專注
力如此缺乏自制力，而感官知覺（觸）、回憶等又充滿了誘
惑力，我們非常容易變得渙散、隨時都會被帶著走。我們的
心要不就〔向外〕隨著任何的五根而渙散，要不就向內而變
得掉舉或昏沉。這一切都讓我們無法體驗到自性。

　　問題是：「我們究竟什麼時候才能認出自己的佛性、心
的自性？」答案是，直到我們能不爲三時念頭所動之時。每

當受到三時念頭所染，此刻即是造作的狀態。是我們的念頭對自性加以造作、修整或遮蔽。這樣的念頭，在粗重、明顯的層次上指的是煩惱；在較細微的層次上，則是任何帶有三輪分別的分別念。煩惱障和所知障將我們罩住了，而讓我們無法認出根本狀態──**如是之實相**──的，似乎就是三時念頭的纏縛、三輪分別的禁錮，這也正是所謂的所知障。若能徹底清淨二障以及與傾向此二障的習氣，即稱爲佛陀。

　　　　我們試著認出自性，

　　　　而在那一兩個瞬間，

　　　我們認出自性之離於能所❶。

　　　　此一認出的本質，

　　　等同正等正覺之佛的了悟；

　　　　乃全然解脫的片刻。

　　無論多麼短暫，這些片刻皆完全相同，

　　　　二元體驗得以消融，

---

❶能取、所取的二元執取，即主體、客體的二元分別。

154

等同圓滿佛果的自性。

然因僅在介於二元執取之間的隙縫內，

此等片刻尚無法使智慧功德全然展現。

正如漆黑夜空中閃爍的點點光芒，

光即是光，它能夠照亮，

但如此短暫的光，

無法驅散遍滿夜空的黑暗。

以果為道的修持

密咒金剛乘是以果為道的法乘。金剛乘是一條非常迅疾的法道，而若要讓它成真、讓它實現，就必須運用所有的方便。金剛乘採用的方式有廣大的益處，但同時也非常危險。廣大益處指的是，藉由金剛乘的修持，我們能夠在此生、臨終或中陰時成就正等覺的佛果。我們真正認出離戲的根本自性，並且精進不懈地修持來成辦佛果，而不是選擇三大阿僧祇劫的旅程。而金剛乘的危險之處在於，倘若未能真實認出離戲的根本自性，將會成為錯誤的修持。

155

金剛乘修持的核心是真實、正確的見地：我們必須以此修持。如果見地是正確、清淨的，修持與行為同樣會是正確、清淨的。而最後的果、最終的成果，也自然會是正確、清淨的。**正見無法藉由一般的聰明或倔強的自我鞭策而了悟。**僅靠智力與精進是不夠的，必須清淨遮障、圓滿資糧，並領受具德傳承上師的加持。這就是一開始能認出心性的方法，也是如何契入修持核心的方法。這同時也是為何要鼓勵金剛乘行者修持共同與不共的前行，並逐步修持生起次第、咒語念誦和圓滿次第的所有原因。這些修持能讓我們清淨二種遮障、圓滿二種資糧。

再次提醒，正如我先前叮嚀過的，請讓自己生起這樣的發心：「**為利益量等廣大虛空之有情眾生故，我要了悟俱生本智、自心本性。**」懷著如此的正確發心，向所有傳承的證悟上師祈請：「懇請垂賜加持，令我得以成辦。」接著，讓自己安住在不被三時念頭所染的狀態中。**安住當下了然本智，不為過去念、當下念、未來念所染。**讓身體就像一束綑繩已斷的稻草，或一只弦線已斷的西塔琴，並讓自心有如一台灌流已斷的水車。

　　沒有所見物、沒有能見者，也沒有見到的行為，這就是見到了真實見地。傳統上會使用不同的方式形容見地，分別為：「見有為法、見無為自性、自明自證之見」。「見有為法」的意思是觀察諸法之表相，亦即世俗諦。「見無為自性」的意思是觀照諸法之自性，以此獲得洞見。「自明自證之見」則是指在無二性的境地中自然顯現的洞見，它是二諦雙運、顯空雙運。總而言之，**正見應離於能見者、所見物、見的行為**，它是離於三輪的。二元作意與二元分別的特性是侷促、狹隘、受限的，並且專注於單一的參照點，這並非大手印和大圓滿的禪修。我們完全不需要任何二元性的訓練，我們生生世世都已是如此，絲毫不用費力。我們絕對了解**那樣**是什麼感覺！而我在此所要說的是另一回事，亦即：廣袤、敞開，離於參照點、離於分別念。當我們準備安住在離於分別念、離於參照點的寬廣、敞開時，要讓五根保持敞開、覺性無有依憑。不朝外注意什麼，不向內專注什麼，也不要把自己的注意力放在二者之間。

　　首先，我們生起如此的發心：「現在我將認出我的自性，亦即無為的空明雙運。」下一刻，便觀看**自性究竟為**

何。在真正照見自性的那一瞬間，二元心已然消融。在認出的那一剎那，**我們見到無有可見之物 ❷**，而見到的片刻即是解脫，從二元執著解脫。

大手印即無作意，沒有要作的事。在分別作意時，造作而出的即是輪迴：我們坐著就製造了輪迴。如果你想要繼續創造輪迴，那好吧！只要坐著繼續創造更多的輪迴，繼續這樣做吧。只要我們持續作意，輪迴不會止息。而停止作意的那一刻，輪迴就被拋在一旁了，我們不必到其他地方就能解脫。

為了進行真正的修持，我們必須放下分別作意。完全離於作意之際，此刻即可見到真正的大手印。我們可以檢視，看看自己是否已認出了自性，而這完全取決於我們是否還有作意，也就是分別造作，即使是最微小的程度也算。一旦放下、消融了所有的作意，我們再也沒有什麼要做的了。

一切都與我們的態度有關，創造出一切的，就是這個態

---

❷此為大手印之口訣，代表照見「所不能見者」，見到無可見之法。請參見《了義大手印祈願文》：「再再觀此無可觀之心，如實了然見所不見義。願斷是非義理猶疑心，自然識得無迷本面目。」

度、這個心。當這個心不再評斷、不再區別、沒有迎拒、沒有生起任何的二元分別,當這個心能保持自由、被允許自由時,它本身就是自性:其能知的本質即法身、俱生的空明雙運,這就是本俱自性。也是真實無謬❸的一刻。

這同時亦為**如是之實相**,被稱為「本初佛」的根本自性。本初佛普賢王如來,是空且明的俱生本智。普賢王如來是我們所看到畫在**唐卡**上或壁畫上的一種象徵性身相,也可能是我們在夢中、禪定中,或是真實見到的佛。當認出了俱生本智,並且持續地保任之,這就稱為見到真正的普賢王如來。所謂**真正地**見到佛,意思是遇見了佛的心意,也就是菩提(覺醒的狀態)。若僅是見到佛的身相或聽到佛的聲音,並不是遇見真正的佛。我們必須遇見並體驗到佛的心意,那是無造作的本然狀態。**覺醒,是無造作之本然狀態。全然離於作意之際,即為覺醒之境地。**當我們涉入作意的遮障越薄弱,就越能接近佛之心意。而當此遮障完全消失,完全離於

---

❸ 大手印的口訣提到,離於分別造作、原始自然的平常心,也就是心的實相。參見《了義大手印祈願文》:「不染心造勤作之禪修,凡庸瑣事風所不能動,願了無造原始自然住,善巧護持心真義實修。」

二元執取時，便是真實的覺醒、真正的佛意。

為了要達到這個目標，有幾項要素是不可或缺的，而現在我們都已擁有必備的要素。首先，我們身而為人，我們具備能力、受過教育、能了解教言。其次，我們擁有意樂、具備分析文字教義的智力，而且想要運用教義。需要極具福報才能結合以上的所有條件，請諸位為此隨喜。

無分別作意而安住

請完全離於分別作意而安住。薩惹哈（Saraha）與許多偉大的大師們都這樣說過：

> 無可減、
> 無可增。
> 自然觀看自性時，
> 見此本然而解脫。

第三世大寶法王噶瑪巴，讓炯多傑也提到：

觀對境而無對境，對境乃爲空。

觀自心而無自心。

　　觀察對境時，〔發現〕並無對境，盡皆爲心。觀察此心時，〔發現〕並無此心；心的體性爲空。他繼續提到：

齊觀二者而無二元性：得以自解脫。

願吾等皆能認出此光明覺醒之心性。❹

　　如果心的狀態寬廣敞開、離於期待與憂懼、離於分別念，這是很好的修持方法。倘若感覺自己的修持有些壓迫、有些侷限，專注在特定的目標上，此時則需要進一步精煉自己的見地。若是修持越多，而越容易能認出心性，這就是好的徵兆，代表我們已經認出了心性。

　　簡言之，我們需要的是：容易見到並容易保任自性的修

---

❹ 本段與前段的偈言參見《了義大手印祈願文》：「觀照外境，無境而見心；觀照此心，無心體性空；觀照二者，二取當下解。惟願證悟光明心實相。」

持方式。只要容易見到並保任心性，這就是個證明，代表我們正在運用偉大傳承祖師的心要竅訣。然而，若難以見到心性、難以保任心性，就代表我們還需要更多的學習，需要更多的理解，需要更進一步抉擇要點。必須與真實可靠的上師相處，以清除我們任何的不確定。我們無須畏懼真實可靠的師長，無須爲此羞愧。這一點非常重要。如果只是推測覺醒的狀態爲何、僅限於智識上的理解，這樣仍然不夠。我們需要真實的體驗。這也是爲何禪修大師如此重要，因爲和這樣的人在一起，我們能夠釐清自己的誤解與所有的不確定，僅只是閱讀書上所描述的自性並不足夠。

〔讓心〕寬廣敞開、究竟赤裸、畢竟空。讓雙眼張開，不去想眼前看見了什麼，在五根之中，我們最容易對視覺所見生起念頭。我們的眼球非常有趣，就算用指尖遮住它們，只要一把手指移開，我們又能見到全貌。眼睛似乎有絕佳的適應力，能放入一切的事物，即使是不應看見的亦然。

安住在這樣的究竟空、寬廣敞開之中，離於任何參照點。如此修持時，有時會感覺疲倦且昏沉，有時則感覺不安和掉舉。感到昏沉時，對治的方法是讓視線抬高而向上看，

掉舉時則是讓視線降低而往下看，大約都是四十五度的角度。讓眼睛打開是沒有問題的，但不要因眼睛的所見而產生許多念頭。這就是所謂**無有依憑的覺性**。帝洛巴曾傳授那洛巴關於如何修持心性的教導：

> 吾子！束縛你的是執著，而非感知。
>
> 斬斷執著吧！那洛巴！

我們的感知包含了視野當中的對境。若只是看，這不會產生束縛，束縛自己的是對所見的執著。聽覺也是同樣的情形。如果只是聽，其實沒有問題，但若執著聲音，就會造成束縛。

一旦領受了心性指引的竅訣，當你觀看自心的那一刻，真的能見到心的自性。在見到的剎那，便已消融、脫離了二元執取。這正是片刻的解脫，從所有煩惱與念頭中解脫。迷惑或解脫只取決於一點：了知或不了知。**了知本俱自性為解脫，不了知本俱自性為迷惑。**

在本書中，「觀看」一詞並非意味著有需要觀看的事

物。這是一種同時離於主體（能見）、客體（所見）的觀看，這一點相當重要。所謂的「禪修」並不代表有個禪修對境，而是離於主體（能修）、客體（所修）的禪修，即便是任一微塵的禪修對境都沒有，但同時也沒有片刻的分心渙散。以這樣的方式修持，連任一微塵都不作禪修，連任一剎那也毫不分心，我們便能在五道**十地**上疾速前進。

無散亂至為關鍵。一般來說，無散亂的意思是不從自己正在作的事分心。然而在本書中，無散亂的意思是保持心裡什麼都不想。即使小如一粒微塵也不對其禪修，即使短如一個瞬間也不分心散亂。我們內在的上師即是這樣的「憶念」（正念），如此的無散亂。大手印的教導提到：「**散亂愈減，禪修愈勝**」。另外也提到：「**諸佛迅捷道，乃為無散亂**」。無散亂是所有正念之王。

弟子：您提到了「心的關鍵」，這是什麼呢？

仁波切：心的秘密、心的要點，它太過簡單，所以讓人難以相信。它如此靠近，因而難以看見。自性並不是一種禪修的動作，你無法培養本俱自性，所有在禪修中培養本具真

如的行為都只是念頭的造作，那是一種禪修的念頭，因此那是由心所造的本具眞如。禪修無法培養本覺。**覺醒的狀態並非智識可及的範疇。**本覺超越了理智與分別，它是本具眞如。我們無法確實精準地形容它，因爲它不是某種能被眞正描述的事物。雖然它無法加以培養，但我們仍然需要增長對它的熟稔。這也是爲何，一旦了解到如何連微塵之小都不作禪修，同時能保持毫無分心散亂之後，能很快證得菩提的原因。

即使你聽過上千場的開示，精華仍然都含括在這兩個要點中：**無修且無散亂**。說起來容易，但卻難以做到。而要眞正同時體驗到禪修中沒有所修之目標、也沒有能修之人，這其實是極其困難的。之所以困難，是因爲它太過於簡單。我們什麼都不必作，但這**違背**了我們的習氣。我們習慣要做些什麼，而做些什麼，便需要費力。單純保持什麼也不做其實比較簡單，卻因爲這不是我們的習慣，所以要修持無作爲似乎就難了。

它如此靠近，以致不易看見。佛的心意，也就是不受三時念頭所損的平常心，一直與我們同在。我們從未有任何一

刻與它分離，卻因爲念頭而讓我們無法注意到它。**太簡單，所以無法相信；太靠近，所以無法看見。**若要極爲詳細地講述大手印、大圓滿與大中觀的見地，可以花上好幾個月的時間，而若將它們濃縮成最爲核心的精要，則是：微塵之毫亦不作禪修，於此同時，刹那之間亦無有散亂。

9

出離

在此略微複習先前的教導，佛陀宣說了讓我們能邁向解脫與證悟的教言，而這些教導一般說來首先是關於寂止的修持，如何安住於安定與寂靜之中；其後是關於勝觀的修持，如何明朗照見無分別的本智。在本書的內容中，後者則包含認出我們具備體、性、用三者的根本自性，它體性無生、自性無礙，作用則是恆常、周遍。這些功德實際上就是佛心意之三**身**，本來就在一切眾生的內在中。此即我們的根本自性。

就哲學的角度而論，這個自性於一般情況都是由兩種面紗、兩種蓋障所遮蔽。以單純的修持來說，這代表此時行者正在想著什麼，此時不能**如實**了知體、性、用為何。換句話說，**當下念頭遮蔽了對本俱自性的了知**。愚弄我們自己的，就是我們想法的蓋障，我們也因此受制於煩惱和業力。

　　　　若要徹底對治此習氣，

　　　　倘若一如往常——

　　　　任由注意力一再沉溺

　　　　於五根對境的想法中，

於新計畫和舊回憶中，

如此終將無益。

應當認出能思之體性，

容許當下本智，

完全了然、赤裸無遮。

任由覺性赤裸安住。

一切無修無整，

保持細微留意，

作為些許提示。

每當出現渙散，

開始思及他事，

立即以此提示帶自己回來，

回到根本狀態——

既非在作禪修，

然亦無有散亂，

就只是心的赤裸狀態。

任其自然如是，

不作任何改變或修正。

而此修持，

乃佛一切教言之心要。

念頭之外無輪迴。我們的念頭**就是**輪迴、我們的念頭**就是**業，我們的念頭**就是**煩惱。一旦念頭占了上風，一旦我們屈服於心中之所想，輪迴的續流將不會間斷，迷妄的輪迴體驗也永無休止。要脫離輪迴，就是要脫離迷妄體驗、脫離念頭。即使只是瞬間想到了什麼，無論那是好是壞，都會創造習氣、創造習慣。除非這些念頭崩解，否則仍會形成業、仍會創造煩惱。這好比是我們雙手的陰影，只要形成了業與習慣，我們就得面對受制其下的風險。我們必須停止此等的川流。

詳細說來，煩惱可多達八萬四千種。較廣略的分類則有六種根本煩惱與二十種隨煩惱❶（伴隨根本煩惱而生的煩

---

❶六根本煩惱為貪、瞋、慢、無明（癡）、疑、不正見六者；二十隨煩惱可分為十種小隨煩惱、二種中隨煩惱，與八種大隨煩惱。小隨煩惱，指忿、恨、覆、惱、嫉、慳、誑、諂、憍、害十種；中隨煩惱，即無慚、無愧二種；大隨煩惱，指掉舉、昏沉、不信、懈怠、放逸、散亂、不正、失念八種。

惱）。業，同樣也分為各式各樣的類型，但無論是善業、不善業、無計業，其基本原則都在於一切所形成的業皆不離自心的執著。

簡言之，我們需要淨除業與煩惱，至於我們是否能消除業與煩惱的形成，則完全取決於自己的分別念。每當心有了執著，煩惱即隨之生起並因此造業。一旦有了分別念，心就會執著，也因此展開輪迴當中的所有迷妄體驗。換句話說，只要心起了執著或抓著分別念，即無法認出我們的本來面目、我們的本俱自性。當執著不見、消逝、無蹤的那一刻，本俱自性將可純然顯現，同時具備所有的圓滿功德。隨你要用什麼方式稱呼它，總之它就是本初基，我們心的本質。

是我們的分別念遮蔽了本俱自性、遮蔽了心的本質。而此處所謂的念頭，無論是「很好！」或「不好！」，無論是善、惡、不善不惡，都是我們的習氣。我們喜歡想著這個或那個。目前的狀況是，我們並沒有真的想放棄分別心、放棄這個輪迴的根本原因，但同時我們卻又想要解脫。縱使你真的想放下分別心，也實際努力過，但你或許仍無法完全確定該怎麼作。我們無法用另一個念頭來讓自己離於念頭；再多

一個念頭，不會讓我們離於念頭。另一個新的執著、另一個新的分別念，並沒有辦法泯除分別心。唯有無執著、無分別的本智才能完全終止念頭，無分別智能永遠斷除分別念的根源。

如先前談過的，大圓滿的**正行，是要區分二元心與本覺**。二元心是指仍有能作、所作、所作之事的三輪概念，二元心不停地判斷、分析著。判斷的這個行為涵蓋兩種面向，第一種是「**分別**」（即尋思），例如「這是一間房子」等等的粗略印象。第二種則是「**分析**」（即伺察），仔細地察看並評估房子究竟是哪種類型，就細節層面來探究先前的粗略分別。所有的作意（念頭活動）都會經歷這兩個階段。相反地，本覺不會落入判斷之中，它是寬廣敞開的。本覺的體性、本覺顯露的那一刻，同時離於粗略或微細的判斷。也因如此，傳統的竅訣稱這樣的本覺覺醒狀態為「究竟赤裸」。

本覺豁然顯現，

寬闊明了。

無念之刻，

　　不落評斷。

　　本覺為空，亦為明。

　　此究竟赤裸之覺性，

　　　　明，亦空。

　　　　不趨向外，

　　　　不攝於內。

　　　　不住其中。

　　無有髮端之毫的作意，如是安住。

　　每當心中感覺必須完成些什麼，無論是多麼微細的感受，一旦我們屈服於這樣的迫切感，這時我們將無法如實體驗本俱自性。這樣的作意染污了我們毫無造作、本初自然的心。我們需要認出此等之無造作、此等之本初。然而，此處的方法不同於我們尋常二元心的運作，並不是要發明或創造新的事物。平心而論，正是我們每分每秒的念頭，腐蝕著、遮蓋著這個原始、無造作的本來面目，也就是我們的根本狀態；而除了它本身的念頭之外，沒有任何的神聖或邪惡能遮蓋它、干擾它。業與煩惱只能由分別心生起，沒有其他來

處、沒有其他立足之地。無論如何尋覓，我們只能找到一個根源，也就是自己的念頭。快樂與痛苦、期待與憂懼，都是我們自己的想法。於念頭之外，並沒有那些廣大無盡又長久不斷的各種迷妄體驗。

從念頭中解脫

修行與禪修，即是不向凡庸念頭屈服，不陷入凡庸的分別念頭之中。以諸法的自性而言，「能思」（能思者）的究竟本質即是無分別智。它一直都是如此，這是它的原始樣貌。每當我們認出「能思」的本質時，此刻，「所思」（所思及的念頭）便會消融、浪潮便會平息，執著隨之消失。實際上，「能思」的真正本質為無分別智，就在認出它的剎那間，就能離於業與煩惱的生起。這一刻，綿延相續的業於為切斷、中止。這一刻，煩惱的流續已然停息。又因為妄念不過是我們的念頭，無論是善念、惡念、不善不惡之念皆然，因此在這一刻，迷妄體驗也同時消泯。這些念頭似乎都有著本身的能所分別（主、客體的二元分別），但若向其內探尋卻又非真實存在。雖然智識上的推論的確能釐清這一點，但

如此依然不足；儘管我們了知這些是迷妄的念頭，但自己仍舊陷入妄念之中。即使我們試圖不爲此分心，卻似乎沒辦法免於再次受困於妄念、沒辦法簡單地安住。這都得歸咎於業，也就是習氣。我們的習氣就好比是個癮頭，即使知道自己受制於它，但我們卻還是忍不住。

我們必須更了解這一點：妄念，是我們的念頭。**離於念頭，則無迷妄**。在念頭之外，並沒有善業或惡業。在我們的念頭之外，也沒有八萬四千種煩惱。當我們的念頭消融之際，此刻就沒有其他仍待淨除的煩惱或業。業與煩惱猶如我們念頭的幻變，當念頭消融時，它們也將自然消失無蹤。

這個能思的心，是一切的造作者，它有著各種不同的面向。當中有所謂的五識（眼識、耳識、鼻識、舌識、身識），而此五識則由第六識（意識）所感知、分別、判斷。第六識作思作想，進而相信且陷入在它本身如波濤起伏之種種好惡念頭之中。這種作思作想，可以是任何形式的念頭。舉例來說，想要幫忙、協助的念頭稱爲善念，它會創造善業。而想要損壞、傷害的念頭則稱爲惡念，它會創造惡業。

想要傷害的願望是一種心態，正是由於這個心態，眞正

傷害他人的言語或行為才會發生，如此的心態才能被表達。如果你想著：「我要去揍那個傢伙」，而且你心裡一直帶著這個念頭，最後你很可能會真的去揍他。若你想：「我應該告訴他，他究竟是什麼德性」，到頭來你口中就有可能冒出那些粗鄙的話。無論是善業或惡業，身或語的業就是這樣形成的。煩惱也是同樣的方式，喜歡即貪著（貪）、不喜歡即瞋怒（瞋），漠不關心則是愚癡（癡）。就像這樣，我們的心因為五根，因為計畫與回憶而沉浸於貪、瞋、癡當中。在短短一日之內，如此的戲碼已上演了無數次。

我們可以竭盡自己所能，用各種不同的方式好讓這些習氣不再加重。可能是慢跑、按摩、桑拿（三溫暖）、服藥、游泳，或是爬山。但不管我們多麼努力，卻沒有什麼能真的見效。這些方法都需要花費許多功夫，反過來說，如果我們採用不花力氣的方式，這些汲汲營營就能自然平息下來。

佛陀真正的教言是：**一旦執著，即失見地**。而座上修持的教導是：什麼都不作。即使是想要「不作」的念頭也要捨棄，要放下「我不要去想」的念頭。這時我們或許會遇到一個問題，每當我們想到：「我不要作」，接著就會執著

「我不要作」的想法。若能完全離於任何形式的作意，則能自然離於業、煩惱與迷妄體驗。因此我們必須知道一件事，且僅此一件事，那就是：**如何不作**。這即是真實的佛法，什麼都不作，什麼都不思惟。正如薩惹哈所言：「**徹底捨棄能思與所思，安住一如無念之孩童。**」念頭即妄想。我們需要了解，業與煩惱便是我們自己的念頭，一旦了知念頭是迷妄的，我們就能對症下藥。

我們必須理解迷妄與解脫的差別。陷入念頭時，我們是迷妄的；離於念頭時，我們則是解脫的。**迷惑抑是解脫，都取決於念頭。**業好比是儲存在電腦裡的資料，念頭則儲存於硬碟之中，這個硬碟是指總基（或稱阿賴耶）。它是一種奇特的硬碟，不太容易清除裡頭的資料。想要清除資料、想要解脫，就必須離於念頭。不僅是惡意的念頭，即使是好的善念也不例外，同樣得離於這些念頭。這是因為善念也會造業，所以我們同樣需要離於善念。之所以說，每個念頭都會造業，因為這代表心中有執持的目標：執持能作、所作、所作之行為。

我們有充分的理由將一切歸咎於念頭。到目前為止，我

們已經有過無數的念頭，讓自己持續沉溺在一個又一個的念頭裡，在這過程中我們認為這樣很好、完全正確，**一點都沒錯！**而修習佛陀之道，則是要開展能夠明朗照見的個人智慧。我們正在培養所謂的「如所有智」，此即明辨萬法自性的洞見。這個於我們內在的智慧，能讓我們越來越清晰地照見諸法，而認出所有問題的真正肇因為何。要培養這般的洞見，其重要性難以言喻。而若是天外飛來一筆地對著絲毫不了解佛教的人說：「你的想法不好，你的念頭是邪惡的，它們創造了所有的惡業，製造了各類的煩惱。一切的問題都在你的念頭之中。」這與培養前述的洞見是截然不同的。當對方聽到這樣的話時，感覺就像是有人對他說：「你是邪惡的」，便會因此惱怒或受傷，以為這些話是針對自己而說的。

佛教的觀點甚為、甚為精妙。在佛教中，我們以如此莊重的方式來探討如何從輪迴中解脫，從業與煩惱中解脫。而如此的解脫，主要就是指如何從我們的念頭中解脫。

仁波切：我們是否都同意念頭就意味著喜歡、不喜歡或

漠不關心？是嗎？

　　弟子：是的。

　　仁波切：我們是否都同意喜歡、不喜歡、漠不關心即
貪、瞋、癡，而它們便是業的創造者、業的製造者？

　　弟子：是的。

　　仁波切：所以我們同意業和煩惱就是念頭？

　　弟子：是的。

　　仁波切：是否有任何的業、任何的煩惱，並非從念頭生
起？

　　弟子：沒有。

　　另一弟子：您說的只是對念頭的執著，對吧？我們還是
需要念頭才能體驗空性，不是嗎？

　　仁波切：如果正在體驗著什麼，那就不是空性。空性是
一種離於所體驗者和能體驗者的經驗，是離於能所的經驗。
佛陀曾說：「**當人們表示：『我見到虛空』時，請檢視其意
究竟為何。**」你要如何見到虛空？觀察到某個實體物品且留
下印象時，人們會說「我見到了」。但是，虛空本身並非實
體，缺乏實質的原子。虛空就只是一種開闊，毫無遮掩、沒

有實質。不過，當人們看到它時，仍然會說：「我見到虛空了」。同樣的，見到心性的空性，也是一種離於能見和所見的經驗。

　　只要有念頭，接著就會形成業與煩惱。只要離於念頭，當下即是無分別智，就不會形成業與煩惱。每當念頭出現，接著就會形成有漏業，可能是有漏善業或有漏惡業。善念會創造善業，其帶來的果是三善道（天道、阿修羅道、人道）的投生與體驗。不善的念頭則會創造惡業，隨之而生的果即是三惡道（畜生道、餓鬼道、地獄道）的投生與體驗。只要思惟的織網未能消融，便會重複不斷地在六道中投生與體驗。像這樣生死流轉的持續循環，就稱為輪迴。三善道的天道、阿修羅道與人道，其根源來自由善念所生之善業，但這不是解脫。三善道只是善業的成熟，但仍舊未了知如何解脫。

　　倘若想要出離整個輪迴，則必須了解如何讓念頭消融，一切的真諦就在於此。如果你要消融輪迴織網當中的種種迷妄體驗，就需要體認這個要點：**念頭無法用另一個念頭來取代而消融**。念頭無法消融念頭，這是沒有效的。你可以用正

向的念頭取代負面的念頭，這是辦得到的，也會有所助益。但你如果想要徹底離於分別念，那就只有一個方法：修習無分別智。唯有無分別智能使念頭消融，唯有無執著才能消融執著。

褪去所有遮掩，就讓覺性赤裸。在大圓滿的傳承中，有許多讓覺性無有遮掩、全然赤裸的修持。其中一個相關的修持名爲「區分輪涅」，而另一個技巧則是猛然發出一聲「呸」，以中斷念頭的流續，讓覺性全然無遮而裸然顯現。像這些教導和其他的實修竅訣，皆需要追隨在世的傳承大師而修學。

此外，還有一種非常特別的技巧，能增益我們對心性的認識，也是克服種種阻礙、避免法道上諸般陷阱和歧途的極佳方法。這個方法就是虔敬與悲心。在所有念頭當中，虔敬與悲心是最純粹、最清淨、最高貴的了。此處的虔敬是指因爲對自性的意義有所體認，而從中生起的信任。這是一種有智慧的虔敬，能領會「不錯亂」的重要性，並了解一旦受困於念頭則勢必也受困於業與煩惱。

若持續沉溺於造作新的業與煩惱，將無法超越三苦。理

解這一點，能帶來巨大的悲心，那是因體認到未了悟自身真實自性的眾生將如何受苦，而由此生起的悲心。對於「無有錯亂」境地的虔敬，是由於了解目的、了解原因而生起，屬於一種有智慧的虔敬；同樣地，有智慧的悲心則是了解痛苦之因。在一切的念頭中，就促成對自性的了悟與增上而言，虔敬與悲心是最為清淨且最具饒益的。

總而言之，我們需要出離所有的念頭，並對無分別念的狀態、無分別智懷有虔敬。越是涉入念頭，只會創造越多的業與煩惱，再無其他。

現在，讓自己安住於無分別智。

明而無執。

五根寬廣敞開，覺性無有依憑。

當下寬闊明了，是否如此？

覺性無有依憑，意即：

讓覺性無所指向、無所專注。

不固著於此，

不執著任何體驗，

究竟赤裸，

畢竟空，

甚為安適。

不執著此安適，

若執著則成新的煩惱。

若執著這份明了，亦成煩惱。

於明了之中安住。

樂，同時無耽著。

明，同時無執著。

不取任何價值，不思其為好壞！

無有參照點，

無有分別念，

全然無減損。

區分二元心與覺性。

本覺自明燦，

明燦之本覺，離一切固著，

乃一切佛身佛智、一切證悟功德之所源。

若只是愚鈍昏沉地呆坐，不會有幫助；相反地，要保持了了分明，讓心究竟赤裸。讓心清朗明晰。教導提到，眼根是身體中最為純然的部位，透過眼睛，我們可以得到所有感官中最為明晰的體驗。也因此，在大手印與大圓滿的修持中，我們務必要張開雙眼，**眼睛為智慧之窗**，透過雙眼，我們能看到各種形相，但我們不對這些形相作評斷。這就是讓我們在修持時更為清楚明晰、更加朗然光燦，同時不那麼愚鈍昏沉的方法。

弟子：那些細微、幾乎難以察覺的念頭呢？本覺裡也有它們的存在嗎？

仁波切：所謂「全然無遮的赤裸覺性」，意思是覺性必須全然地、徹底地赤裸，那才是本覺，所以其中不會有細微的執著。在一般的狀況下，那些貪著、瞋怒、愚癡等顯而易見的念頭和情緒當然是一種干擾；而在止觀、大手印、大圓滿的教導中，禪修者還有另一種阻礙，也就是**潛藏念**（潛藏的分別念）。這種細微的潛藏念通常很難察覺，它會讓寂止的修持變得有點焦躁、些許不安，也會讓勝觀的修持變得些

許不清、有點模糊。對禪修而言，這樣的潛藏念可說是個小偷、狡猾的小偷，而非光明正大的搶匪。小偷通常必須要夠狡猾，而這個小偷**尤其詭計多端**。

弟子：當我在修持時，有時候能切斷自己的分別念，但有時候會覺察到有人正在煮菜、正在攪拌之類的事。這些不一定是分別念或真正的念頭，但的確有什麼正在攪拌、正在煮沸著。那些算是潛藏念嗎？

仁波切：那些不算是潛藏念，那裡真的有人正在煮菜（指著廚房）。這樣的體驗是發生在煮菜的時候？還是跟煮菜沒關係，單純出現在你的腦袋裡？

提問者：我說的比較屬於在我腦袋裡發生的。

仁波切：在禪修的時候嗎？

提問者：是的。

仁波切：我瞭解了。潛藏念會在腦袋裡活動著，但你沒發現它，也不清楚它是什麼。有念頭持續活動著，但你沒有覺察到自己在想什麼，之後也沒辦法回想起來。就像是腦袋

一片空白但仍然在思考著。有個傳統的例子是，人們為了晾乾稻草稈而把它們鋪在地上，但水會從底下滲出。儘管你看不到這些滲水，但它會讓稻草稈腐爛。並非所有的農夫都會遇上這個情況，而經驗老道的農夫知道潮濕的田地有時會含有水份，但因為稻草鋪在上頭而無法看到，所以他們利用木頭或石頭作支架，把稻草晾在上方。他們從一開始就小心謹慎，好讓稻草不會腐爛。

同樣地，經驗嫻熟的禪修者會保持小心，以免自己所有上座禪坐的時間都消耗在那種狀態裡。禪修中的潛藏念與大剌剌地陷入貪、瞋、癡的狀況不同，而比較像是看似在禪修但實際上在思考。如果突然回過神來，行者也完全不記得剛剛想到什麼，這就是**潛藏**的白日夢。我們也可以看看彼此，從其他行者的面容來檢視這個狀況。他們有些時候看起來很放鬆，帶著一點笑意，可能正在作著美好的小小白日夢；別的時候看起來很緊繃，則可能正在作著不怎麼好的胡思亂想。

弟子：我不明白，怎麼會有辦法保任本覺？

仁波切：你是在說，根本不可能認出本覺；還是在說：就算認出本覺，也不可能保任它？這兩者是不同的。

提問者：我說的是後者。

仁波切：認出一次，就是延長了一段相續。再再地重複去作。

提問者：接著就感到挫折、變得沮喪！

仁波切：如果沮喪有用的話，就沮喪吧！

提問者：大圓滿不太講福德，是嗎？

仁波切：首先，我們要知道大圓滿的修持包含且具備菩薩乘與別解脫乘（或稱小乘）的修持基礎。「較高法乘含括較低法乘之戒律」，這樣的道理稱為**功德遞進**（較上之法乘包含了該乘以下的功德或戒律）。這也是為何，任一修持金剛乘的行者勢必也奉行所有三乘的戒律，並且毫無矛盾之處。只是修持較低法乘的行者，可能無法了解這一點。金剛乘主要是心意層面的修持，尤其大手印與大圓滿的修持皆為不偏離於空明雙運，也就是諸佛之覺醒境地。這個空且明的諸佛境地、覺醒的狀態，同樣也具有悲心。聲聞乘所奉行的戒律主要與個人之身、語的層面有關，金剛乘的戒律則主要

與個人之意的層面有關。不偏離於空明雙運的覺醒之境，則自然也永遠不會違犯較低法乘的戒律。

另外，以累積福德與智慧二資糧來說，累積智慧資糧的影響更為深遠。而在所有累積智慧資糧的方法當中，最有效的便是不偏離於空明雙運的覺醒之境，沒有更勝於此的了，而且這同樣也能有效地清淨遮障。〔安住於〕空明雙運的覺醒狀態，是可同時圓滿二資糧與清淨二障的最卓越方法。**為了先認出此空明雙運的覺醒之境，行者必須累積福德資糧且清淨遮障。**

請用自身的智慧探究這一點：遮蓋我們根本自性的，是否即為二障？在安住於三摩地時，若還得保有吝嗇心，這顯然不易辦到。若是輕佻膚淺、毫不耐煩、脾氣惡劣、懶散放逸、缺乏專注，就非常難以安住於三摩地中，不是嗎？入於三摩地，當然不會與六波羅蜜多相違。至於，產生遮障而導致無法保任見地的，不就正是對三輪（能作、所作、所作之事）的分別嗎？在大圓滿的修持中，必須要能區分二元心與本覺，這是因為分別三輪、遮蔽見地的即為二元心。如同我先前提過的，**二元心本身便是所知障。**若仍執持三輪的分

別，將無法了知真正需要認出的自性，因為自性其實已受到阻擋而無法顯露了。

弟子：想著「我不該想！我不該想！」是一回事，但實際的體驗又是另一回事。

仁波切：我在此提到的修持，並不是只想著：「我不該執著」的念頭，而單純是**不執著**，這樣就夠了。如果想著：「我不明白這個」，那也是一種蓋障。就此脈絡而言，連「一切都如夢似幻」這樣的想法也不許出現。又如「諸法皆空」或「一切離戲，超越四邊八戲」此類的念頭，也同樣不要。我們無法僅靠讀書來了悟諸法自性，無論這些書籍有多深奧，它們都仍然只是心中的文字。

「諸法是超越戲論的」，光是前幾個字「諸法是」就已經錯了！而另一方面，如果認為諸法確實具有我們造作的這些戲論，這種說法反而更糟糕。比起「諸法皆實」的想法，要去除「諸法皆空」的想法則更為困難，這是因為後者的確為真。對於不真實的事物，我們可以質疑〔其為真實的〕觀點而屏棄它們，所以要遣除這些想法簡單得多。但「諸法為空」這樣的想法是千真萬確的，然而若對這個想法產生執

著，則將難以遣除這個念頭。

　　現在時間來到了十二點，時間是存在的，世俗諦是不可否認、是真實的。世俗諦對迷妄的心來說是真實的。世俗諦屬於分別心的範疇，它可以被執持。然而勝義諦則超越了分別心可觸及的範疇，它無法被執持。**表相**仍在分別的範疇之內，但**實相**則超越了分別。

10

虔敬與淨觀

我執只是一種念頭。執著自我的概念是一種念頭，執著他者的概念也是一種念頭。執著二元性是一種念頭，善的概念是一種念頭，惡的概念也是一種念頭，不善不惡的概念也是一種念頭。只要有念頭，執著就會隨之生起，而執著心則跟著三毒的軌跡前行。又因為生起念頭時，三毒也混雜其中，所以念頭將會導致輪迴。只要有念頭的涉入，我們就會體驗到輪迴。**輪迴之因即為妄念。**

　　業與煩惱由妄念而生。只要有念頭，就會有接受和拒絕、快樂和痛苦。境緣或許是外在的，能思者則是內在的心。看起來是美是醜，好像是外在對境的特質，然而，真正創造出美醜的，其實是我們內在的心。此外，將外境視為美或醜，因而生起喜歡或不喜歡的感受，也都是這個心的作為。感官對境（塵）是外緣，我們的心才是真正的主因。

　　許多人以為主因在於外面的境緣，在於對境本身的特性。但舉例來說，若讓二十或三十人享用相同一道菜，每個人將有各種不同的感受。有些說：「我喜歡這道菜」，有些則說：「這還可以。」也有些人會說：「這道菜很難吃」。誰是正確的？誰才是對的呢？這其實取決於感知者，感受因

人而異。

　　同樣地，每當對**所知**（被感知的對象）有任何的看法時，應當理解心才是主因，心即是能知（能感知者），心是一切的根基。有些人連與自己相處都不自在、不開心，覺得無法滿足。他們想獲取各種體驗的貪執和渴望，卻總是沒有著落，所以他們不快樂。但這些欲望與野心猶如水面上的波紋，一旦**不知足，無以得安樂**。每當我們感受到短暫的滿足，就稱之爲快樂。每當我們覺得滿意時，就稱之爲愉悅。我們有個問題就在於：習慣對自己所擁有的東西不具快樂之感，反而渴望別處之物、他人之物。

　　簡單地說，當人們越是滿足、越少貪求，就越能快樂。而若越是貪求、越不滿足，就越得受苦。爲了讓所有六道眾生都能徹底脫離整個輪迴，我們需要解決念頭這個問題，是念頭製造了輪迴之因，令我們不停流轉六道之中。我們現在已了解到念頭的迷妄，然而，如果想要解脫，卻還同時執持著分別念、不願捨棄分別念，這二者是相互矛盾的。如此，解脫也就無從發生，成了一件不可能的任務。

輪迴即念頭

若要成就解脫與遍智佛果，必須離於分別念。禪修，在於延續心的本性，這個方法能讓我們離於執著、離於形成分別的分別念，因此可讓我們離於輪迴之因，也就是業與煩惱。切莫以為解脫與輪迴是在他處，它們就在**此處**，就在自己裡面。輪迴即是念頭，解脫則是離於念頭。離於思惟時，我們也就離於念頭。但問題是，未來的輪迴之因還是不斷被製造出來，我們就這麼輪轉於六道，承受諸多苦難。

相較於別的輪迴眾生，我們在人道所承受的痛苦較為輕微，不用像其他無數的眾生一般，經歷種種難以忍耐、無法承受的痛苦。但對於某些人來說，他們身心上的折磨可能也令人難以承受。若我們繼續放任自己的凡庸念頭到處撒野，那麼未來等著自己的會是什麼：我們的下場會是哪裡？我們會有什麼外形、什麼樣貌？這就很難說了。

因此，很重要的一點是：**我們必須了解如何令念頭消融**。若不了解這一點，我們將無法使業與煩惱泯滅，進而使業相（業力引發的不淨輪迴現象）不會消失、迷妄的體驗不

會終止。我們也要明白：念頭無法由另一個念頭而遣除。我們唯一的方法是無分別智。這並非遙不可及的境界：無分別智其實都和每個念頭同在，並未離於念頭，反而是念頭遮蔽了、掩蓋了這個本具實相。念頭消融之際，念頭消逝、泯沒、崩解之際，無分別智將即刻現前，事實不就是如此嗎？

佛陀詳盡闡述了我們可能具有的八萬四千種不同煩惱，這些煩惱可歸納為六根本煩惱與二十隨煩惱；更為扼要的分類，則可用三毒來代表所有念頭。無論這些煩惱或念頭的種類有多少，佛陀都教導了以佛法八萬四千法門來去除一切煩惱與念頭的方法。

也許你沒有時間研讀、學習全部的教導，又或者你沒有這樣的意趣、能力或智慧。因此，諸佛菩薩善巧地將所有教導淬鍊為非常簡潔的形式，這就是所謂的竅訣傳承，以此而能同時克服一切煩惱。此處的基本教誡是要了解一切煩惱都只是念頭。**直指竅訣揭示了如何消融念頭、如何認出能思者之自性，我們本具的無分別智**。此即是第四灌頂①的目的，

---

① 密宗四級灌頂分別為：初灌「寶瓶」灌頂、二灌「秘密」灌頂、三灌「智慧」灌頂、四灌「名詞」（句義）灌頂。

也是大手印與大圓滿的修持。此等極為善巧的方法，是一種文字簡短但深義清晰的**經驗引導**（藏文音譯，nyong-tri）。

迷惑的根源是念頭，但念頭的本質則是無分別智。請盡可能讓自己常常安住於無分別智的平等捨之中。經典提到：**「輪迴僅是念頭，離於念頭即為解脫。」**然而，倘若只是保持無念，並不一定能以無分別智而解脫，因此偉大祖師們對此有更進一步的闡明。無意識、暈倒昏厥，或毫不知覺的狀態，都絕非解脫，如果這些算得上解脫，那很快就能獲得成就，因為要保持不用心、不留意是簡單不過的事。而如此的解脫可就劣質了！

讓念頭簡單安住於無執本智──此即正見。心性的教導有一項要點，那就是這些教導必須簡單且容易修持。如我先前提過的，佛教中有許多不同的見地，包括了有為法之見地、無為法之見地、自明自證之見地❶。若要仔細研讀，這些見地並非簡單的主題，需要花上數月、甚至數年的時間。

---

❶ 參見第八章所述的三種見地：「見有為法、見無為自性、自明自證之見」。此處依英譯用字，故兩章用詞略有不同。

但若僅是**讓念頭簡單安住於無執本智，此即正見**。尤其在大手印與大圓滿的修持中，教導提到見地是要保持敞開與自由。執著與貪執越少，越能敞開與自由。這是一切諸法的本質，我們的分別念越不僵化，見地越是自由。

空、明、雙運、無爲。請讓這些詞彙的眞正意義連結至你的自身體驗。你也可以說「**無爲之空明雙運**」，這些是非常精闢又奧妙的詞彙。**空**，代表心的本質是空，由於我們無法找到實體的心，很容易就能認同這一點。沒有任何人、也不是自己讓這個心變爲空，它自然爲空，它本自如此。而同時，我們又可以了知、明了，這也是自然非造作的。空與明，這兩個特質並非不同的實體，它們是無二無別、合而爲一的雙運。這樣的雙運本身也非由誰造作而成，空明雙運並不是於某個時刻生起、駐留一會、爾後泯滅。它是無爲，所以它無生、無住、亦無滅。它沒有時間的概念，也不是有形的物質。任何以時間或物質形式存在的，即是念頭的對境。如此無爲的空明雙運並非由念頭所造，亦非念頭的對境。

倘若要維護任何以時間或物質爲基礎的想法，這將會變得非常錯綜複雜，需要花上許多功夫來延長或保持它的效

期。然而，無生的根本自性非常單純，一點都不複雜。〔只要是〕基於時間與物質的概念，會因為涉及種種的期望與憂懼，而製造出許多的混亂難題。坦白說，物質與時間過去未曾存在，它們現在不存在，未來也不會存在。時間與物質的概念，是思惟心的習氣。雖然它們現在並不存在，但對思惟心來說它們似乎是存在的。

若談到物質，當你環顧四周時，一切看似都堅實、確切地存在著。但想當然爾，在一位真正瑜伽士的體驗中，時間與物質並不存在；即使是一位學者，也能以智識的推論而對這樣的事實生起確信。當我們想著「它並不是」時，那個「是」，就讓它似乎就是。然而，以佛的感知而言，一切輪迴眾生的體驗並不比夢境而更具實質，看來都如作夢一般。

我的家鄉有句話說，**至關緊要的事必須一再重述**。我對此深感認同，因此我會不斷重述這些要點。這個想法的確一直迴盪在我心中，總是一再出現。如果你現在能領會到什麼，之後無論何時何地便都可運用這些教導，即使是如廁時也能用上。

虔敬與淨觀，此二者乃金剛乘修持最為根本之基。我們

應當對無謬的自性懷有虔敬，誠摯地珍視它的真實無謬、無迷惑，與無迷妄。諸法的自性實相是全然清淨的，之所以會產生不淨，只是因為暫時的分別，也因此我們需要修習淨觀（清淨見）。

三種層次的體驗

在本教導中有三種層次的體驗❷，分別為：眾生的迷妄體驗（不清淨現分）、瑜伽士的禪修體驗（覺受現分），與諸佛的清淨體驗（清淨現分）。只要有二元心，就會有迷妄體驗。之所以稱眾生的迷妄體驗為不清淨，是因為這些體驗與業和煩惱有關。在迷妄體驗中，有著接受與排斥的企圖，有著期望和憂懼。期望與憂懼是令人痛苦的：這是苦。只要有念頭，就有期望憂懼，只要有期望憂懼，就勢必有苦。

瑜伽士的禪修體驗毫不屈服於凡庸念頭。這與一般的思惟不同，我們可稱其為寂止或勝觀，或是其他名稱，它基本

---

❷ 這三種體驗也稱為「三現分」，即不清淨現分、覺受現分，與清淨現分。三現分的教導為薩迦派道果法前行的主要內涵。

上相異於凡庸的念頭，因此瑜伽士的禪修體驗是善妙的，而且因為他們的心安住於平等捨，所以這些體驗也變得清晰。在這些禪修覺受中，最受人所知的便是**樂、明、無念**，它們會在修持勝觀時現起，甚至在修持寂止時也能發生。透過禪修，心能變得更明晰、更清明。然而，如果我們未能與具德上師有所連結，將無從知道如何正確面對這些禪修狀態，我們可能會以為自己忽然就神奇地證悟了，如此將成為阻力，甚至演變成嚴重的障礙。

舉例來說，當我們體驗到無念或空白時，可能會覺得整個宇宙是一個絕對無形無色的空性廣界。明的覺受也許會讓我們感到極為明晰，出現一些神通，能知曉非常遙遠的人在想些什麼，甚至知道他們在談論什麼。樂的覺受則可能是一種從未感受過的喜悅和安適感，我們的身與心從未感受過如此的安樂。若我們不執著這些體驗，對它們沒有偏好、不加執著，這些體驗就沒問題。此時它們即是修持的「增益」。但若對這些狀態加以執著，則將大錯特錯。三界輪迴之因，正是對這些感受的執著。既然我們現在修習的是寂止與勝觀，便應當要了解這一點，那就是：無論生起任何覺受，只

要不予執著，修持將可因而更為增上；但若對其執著，則會
由此導致障難與阻力。

其他如修持**頓超**等的禪修覺受，來自於運用了某些身、
心方面的要點。這些禪修覺受的顯露並未離於立斷的見地，
而是一種內在徵相向外展現的方式。以這樣的修持方式，行
者能相當迅速地進展，在此生之中即能成就證悟。以上是關
於瑜伽士的禪修體驗。

大手印之道是以四瑜伽十二階而呈現。如同我先前提到
的，大手印的四瑜伽為解脫道的內涵。首先是專一瑜伽，其
本質意義是指行者能以隨心所欲的時間保持無紛亂的靜定。
其次是離戲瑜伽，意指認出自己的本來面目即為離於根基的
平常心，「**離戲，乃無根無基平常心也**」。我們必須培養這
個認出的能力，否則，將如同一個被遺留在戰場上的弱小孩
童那般無助。我們要以正念的方法修持，先由勤作開始，之
後再達到無勤。依序由下、中、上之三品離戲而修持，最後
抵達一味的境地，也就是大手印四瑜伽中的第三瑜伽。一
味，意思是二元體驗都已消融，一切如輪迴、涅槃的二元概
念都在無二覺性之中消融。一味是指本覺的相續不斷，一

味、一性。

　當行者圓滿依序證得下、中、上此三品一味之後，便來到第四的無修瑜伽。此時任何型態的信念與執取（對某事物的固著關注）都將徹底消融。所有信念與習氣都已消融，拋諸於後。此時行者已獲得無修的法身王位。

　一開始行者需要對實相為何擁有信念：必須對見地生起信心。然而，究竟上，任何類型的信念都仍是細微的障垢，仍是阻礙。而在最後的無修境地，則需要消融一切的習氣與信念，將之拋諸於後。再也沒有需要修習、需要成就的了。行者已經抵達法道的終點。需被清淨的一切都已清淨。業、煩惱，與習氣已全部淨除，什麼都不剩。在我們還沒抵達終點前，法道是必要的；而當我們抵達時，對法道的需求也同時消失。直到抵達目的地之前，我們仍需要法道的概念才能到達該處，然而，一旦抵達了目的地，一旦所有待修習的皆已修、需捨棄的皆已捨，則完全不再需要法道。此即無修的含義，真正的**無修習**，也就是無修的法身王位。大圓滿的最究竟體驗是指，所有分別與一切萬法皆已耗盡，也就是圓滿

證悟的境地❸。這兩種了悟層次皆等同於諸佛的了悟層次。

此刻，行者自身只會有清淨的體驗，且同時還能感知到其他的眾生，而那些眾生依然擁有不清淨、迷妄的體驗。以六道眾生爲例，若與其他眾生的體驗相比，每個眾生都會覺得自己的體驗比起較爲下層的輪迴眾生來得更深切、更強烈。眾生往往認爲自己的體驗是眞實的，然而輪迴六道體驗的差異，取決於眾生的業與蓋障有多深重。業如果越輕，其體驗就越接近眞實。相較於一般的輪迴眾生，瑜伽士的禪修體驗更眞實、更清淨。然而若與此二者比對，佛的清淨體驗仍屬較眞實、較清淨。

我們必須消融不淨的迷妄體驗，而如此的迷妄體驗之所以發生，是因爲尚未明了心的本性。這些體驗來自於不明了，也就是對自性的無明。不明了自性，故而爲眾生。**了知自性、了知諸佛境地時，無明便得以淨除**。不了知時，就會形成業與煩惱；能了知時，便不會形成業與煩惱。若於了知

---

❸ 大圓滿四相依序爲：法性現前相、證悟增長相、明智如量相、法性遍盡相（另譯：法遍不可思議相，但藏文單純是指：法盡）。桑傑年巴仁波切開示：「所謂的法盡，就是一切都已經完畢清除了……清淨消失殆盡了。」

本俱自性之刻不斷保任其相續，且再也不偏離之，如此即是佛。

佛教哲學中，以許多絢麗的用語來描述發生的這一切。**唯識宗**以徧計所執性、依他起性、圓成實性等三性來描述實相。在大圓滿的教導中，無明則分爲徧計無明、俱生無明、唯一本性無明（不識「唯一本性」之無明，此即爲流轉輪迴之因）三種層次。這些都是非常好的詞彙。基本上是因爲不明了，由此產生了迷惑，而迷惑即是未能明了我們自己的本質。「能思」（能思者）的本質正是法身，「所思」（所思考的念頭）則非法身，而是這個能夠思考的**體性**才是法身。所思是念頭，而不是無分別，那個能夠作思作想的體性才是無分別。

無論我們用的詞彙是心性、立斷的本淨、俱生本智，或是大中觀眞實義，這個要點都是千眞萬確的，那就是：未陷入念頭之際，你即已自然抵達正見。

契入見地之法

有兩種契入見地的方法，第一種是透過教典的闡釋與理

證，另一種則是透過經驗而成辦。前者稱為「依教言與理證建立見地」，儘管我們想要修持大手印或大圓滿，但如果對透過學習和自身理證所獲的見地還未得到一些確信，就不容易確立見地。

有時也可能無須仰賴任何教典的說明，就能傳授或傳遞見地。但前提是要有一位具備聞思修妙法甘露的圓滿具德上師，與一位堪為法器的具格弟子，而兩者能夠相遇。如我先前講過的，傳授的方式有三種，前兩種的勝者密意傳承與持明指示傳承正是前述的方式。密意傳承無須隻字片語、無須手勢或指示，但仍然能夠傳遞；了悟的智慧能夠被傳授，也能夠被了悟，如此的智慧可以被完全地認出。指示傳承則不用一字一句，無須任何解釋，僅僅只是以身體的姿態指出了悟的智慧，而此智慧也能夠被認出。至於第三種補特伽羅❹耳傳，則是以相當簡短的口傳教導來傳授。

然而，在我們當今時代裡，若只是使用密意傳承、指示

---

❹ 補特伽羅（梵，pudgala）泛指一般所說的「有情」、「眾生」或是我，指輪迴轉生之主體。

傳承，或是耳傳，而未有其他的解說，對大多數人而言將是相當困難的。一般來說，若要指出自性便需要講解，而講解的方式通常有兩種，一種是**學者之觀察修**（分析式的禪修）取向，另一種則是**簡單禪修者之安住修**（安住的禪修）取向。有些人能夠信任上師，並且無須任何冗長的解說即能獲得引介自性，他們不需要透過理證或教典嘉言來建立眞實義。或許他們對那些不感興趣，也或許他們只是不需要，他們有可能簡單直接地領會心的本性。但對其他人來說，這樣的方式仍不足夠，因此需要參照經典和智識上的推論才能夠確立見地。

　　班智達或**學者**之觀察修是指分析一切萬法。我們以自己的智慧一再分析和理解，學者會藉由詳細觀察來了解何者爲眞、何者可被證實。他會運用佛陀的教言、上師的教誡、自己可信的智慧等等的各種檢驗方式，並結合這些要素來分析諸法，直到再無仍須分析的程度。分析是自然展開且自然結束的，此刻對正見已獲得智識上的了解。而到了那時，這類學者仍然需要領受具德上師的加持，並於此位上師的座前領受直指竅訣。

有任何疑問嗎？任何部分需要釐清嗎？

弟子：能否請您再多說明淨觀？

仁波切：別解脫乘法教的主要戒律是斷除害行（傷害他人的行為）、捨棄害心（傷害的根本）。菩薩乘的主要戒律則是利他，並創造能饒益之因。金剛乘則被稱為淨觀之道，以清淨見為道，而這要以前述的二種戒律為基礎，也就是：希求無害於他、且希求饒益他者。除此之外，不僅於修道方面，我們在人類社會所有日常生活情境中也要修持淨觀。

乍聽之下，金剛乘將一切視為清淨的主張似乎有些奇怪，甚至可說是詭異。經過相當仔細的檢視後，你將發現一切萬物的真正本性都是清淨的，所以將萬物視為清淨就顯得非常合理。淨觀非常接近於究竟實相，也就是諸法真實的本貌。一切眾生都擁有佛性，擁有證悟本質。教導提到，**眾生本為佛，然為客塵遮**，儘管一切眾生都被蓋障所遮，但在實相上他們仍然都是佛，也因此，視所有眾生為圓滿清淨是完全正確的。除此之外，努力將他人視為清淨，還能帶來一個立即的幫助，那就是我們在與他人、與法友們相處時，好勝

與貢高我慢的習氣將會逐漸減少，修持淨觀能夠消除種種煩惱。

斷除害行的聲聞乘戒律至關緊要，希求幫助他人則是菩薩乘中極為重要的戒律。此外，金剛乘淨觀的修持更是深妙而難以言喻，如此的修持是要認出並認可萬物的本然清淨。因此，在藏傳佛教中並未區別三乘，而是結合三乘來修持。

萬物在表相上並不清淨，所以我們必須非常謹慎地檢視淨觀的原則。在表相上，我們可以有事物淨或不淨的概念，然而在實相上，萬物皆為清淨。從金剛乘淨觀的角度來說，自本初以來，一切萬物的實相即是三身。所有的念頭流續都是本初智的幻變，因為不了知這一點，我們才會開始分別和評斷。

若是將真實清淨者執為不淨，便是錯謬的想法，將清淨者視為清淨才是正確。相較於將事物視為恆常且實有，視萬物為非恆常且非實有才是正確的。若能視諸法、一切萬物不僅為非恆常、非實有，且全然清淨，這就是更高的見地。

弟子：以淨觀來說，視自己爲清淨看來比較容易，不是嗎？

仁波切：若缺少淨觀，就很難修持金剛乘。金剛乘之所以爲迅疾的法道，是因爲藉由信心與虔敬的力量，更能夠了悟萬物的自性。

一般而言，淨觀的意義是要體認到一切眾生都具有證悟的能力，一切眾生都具有能夠完全顯露的圓滿自性。除此之外，五大種、五蘊、五毒，所有不同層面的體驗，在自性上本來就是清淨的，只是因爲我們以迷惑錯亂的方式看待它們，它們才會顯現爲不清淨的樣貌。而在清淨的體驗中，並未形成無垢或有垢、清淨或不淨的概念，萬物都是被如實地觀待，皆爲本初智的顯現。

了解虔敬與淨觀的珍貴且希求能以此修持的行者，就是金剛乘法教的具器弟子（合適受法者）。金剛乘中所謂的堪爲法器，代表的是心胸開闊與心智敏銳的行者。一切皆爲全然清淨、遍在清淨，然而，除非是有著開闊心胸與敏銳心智的行者，否則難以了解實相即是如此。

此外，我們也應當修習視上師與同修法友皆爲清淨。所

謂珍視金剛兄弟姊妹的意思是：「他們都修習金剛乘，可能經驗都比我豐富、了悟都比我深厚。他們都很優秀，這真是太棒了。」沒有誰能夠真正地評斷他人，因此，我們都應對他人懷有更多的欣賞。同時，對於為我們闡述金剛乘法教的上師，我們不應抱持這樣的態度，認為：「他不過就是人，另一個人類，或許有些特殊之處吧，但我又如何知道呢。」不可如此！對上師也要持有淨觀，如此的淨觀能帶來極大的力量。

在金剛乘的傳承中，正是透過這樣的虔敬與信心，使了悟得以在我們的相續中顯露。一切眾生本為佛，他們只是暫時受到遮障，但本質上都是佛。當未離垢真如成為離垢真如，這即是佛。垢障是可被清淨的，它將被清淨，也能被清淨，因此淨觀是非常奧妙又珍貴的。透過淨觀，我們才能具有真正的虔敬，也因為這份虔敬，了悟將能顯露。如同密勒日巴給岡波巴的教誡：「吾子啊，縱使目前仍做不到，但未來你將能視我本人為佛。而那一刻，真實見地將於你相續中顯露。」

金剛乘不同於佛陀所宣說的共通教導。金剛乘有句話是

這麼說的：「視師教誡爲最勝，視師行持爲清淨，自心師心合爲一。」但除非是心胸開闊且心智敏銳的行者，否則並不容易辦到。視某人爲清淨，並不是一種盲目，我們在此所說的虔敬並非如此，不是那種愚昧的崇敬、錯謬的崇敬。眞正的信心是與認出諸法之根本清淨有關。

修持金剛乘的根本，在於虔敬、信心與淨觀，而且無論是聽聞佛法、實踐佛法教導，或於日常中的待人接物時，皆要如此。任何情況下，淨觀都至關重要。

心胸不夠開闊的人，將難以了解金剛乘，原因在於所謂垢或無垢都只是一種分別念的戲論。除非心胸十分開闊，否則無法領會這一點。反過來說，行者若能審愼省察，並對金剛乘見地生起定解，就能夠擁有十足的信心與全然的確信。瑜伽士了悟到，在正見之中，在心性的**體驗**之中，垢與無垢的分別都是念頭的造作，因此，任何需要加以接受或拒絕的，也是戲論。如此的了悟，唯憑藉敏銳心智與全然開闊之心胸方能發生。金剛乘中關於見地與行持的教導，只會傳授給具備最利根器的行者。但這些教導都可匯集成一個要點，也就是：正見（**眞實的見地**）。在本書中，

「見地」的意思是超越所見物，超越見之行，並超越任何能見者，亦即完全超越這三者。

先前提到，輪迴眞正的根本肇因，在粗重的層面上是貪、瞋、癡；在較細微的層面上，是善念、惡念與無記念。在更爲細微的層面上，則是任何喜歡、不喜歡與漠然無感的念頭。但以最爲細微的層面而言，輪迴的根本肇因乃是任何時刻的分別念，任何加以執取的念頭。由此最細微的輪迴肇因中，會生起各式各樣的煩惱，並造作更多的業。

弟子：眞實體驗到清淨，與視萬物爲清淨的修持，這二者有差別嗎？

仁波切：當然不同。二元心沉溺於念頭和煩惱並造業時，稱爲「眾生的迷妄體驗」。修行者以寂止與勝觀（即奢摩他與毗婆舍那）修持心性時，則根據修持進展的精妙程度差異，將產生如樂、明、無念等不同型態的覺受，這些稱爲瑜伽士與修行者的禪修體驗。第三種則是佛陀的清淨覺受。

當我們在禪修中生起各種覺受時，有一點非常重要，那就是：應當將它們視爲一種進展，而非執著的對象。所有往

昔的偉大祖師都同意：任何在顯現境（體驗之範疇）中發生的體驗或不尋常的事情，皆是個人體悟之外的錦上添花。應當將它們視為一種嚴飾，而它們本身並無特別之處。若行者感受到不同以往的自在、樂、明晰心，或是完全離於分別，都不該將這些感受本身視為終點。無須肯定、也無須否定這些狀態，只要保持寬廣敞開；一切發生的皆任其發生。

心的根本自性為明且空，我已詳細解釋過這一點。我們的自性本來就是這樣，它**本然**即是如此、**本初以來**已是如此。當我們開始練習禪修，例如安住寂止時，這個根本狀態會較為清晰，且在修持勝觀時也會更為明顯。當心性的各種面向都能更進一步地展現時，便相當於一種瑜伽士的體驗。

容我重述先前提過的各種體驗。「空」的覺受是感受到：「我消失了，我不見了」，但此時仍能了知這個狀態。覺得完全寬闊敞開時，可能會以為這非常特別，是一種嶄新的感受，因而覺得自己很了不起。此外，也可能產生「明」的覺受，此時將有某些超感知的體驗，它們不同於我們尋常的感知，而是更為絢爛鮮明。也許能看到在遠處所發生的事，也許能瞥見這個或那個，或覺得自己能清楚知道他人正

在想些什麼、心情如何。行者這時可能會誤以爲：「我已經成就了，這就是證悟。」

「樂」的覺受是指，透過寂止與勝觀的修持，使得那些平時紛亂追逐念頭與煩惱的種種關注得以平息。如此樂的覺受，彷彿是一種前所未有的快意與自在，因而讓人感到：「這太美妙了！這眞的很特別，我不曾有過這種感受。**我想要持續這樣的感覺**。」於是，當這樣的覺受消失而念頭再次塞得滿滿時，行者可能會感到頹喪與鬱悶。簡言之，這一切的體驗都只是修持的徵兆，如果不予執著，它們就是有益的。相反地，如果加以執著，它們便會成爲阻礙。應當謹愼區別。

11

非禪修，而是串習

八風吹不動

　　世俗之人無須經由教導或強迫，就自然而然、自動自發地沉溺於世間八法❶之中，而且不分晝夜皆是如此。所謂的世間八法，是指我們對物質利益（利）、逸樂（樂）、稱讚（稱）與名譽（譽）的追求。這些能讓我們快樂，我們喜歡它們。而倘若發生了與之相違的情境，就會讓人心煩或沮喪，我們也為此生氣。換句話說，世間八法基本上就是喜好和厭惡〔的組合〕。每當想要為**自己**達到某些目的，無論是得到所欲或去除所不欲，這當中往往有一種不羞於避免負面行為的不健康傾向。對自己行為可能帶來的後果毫不覺察，即是愚癡。因此，世間八法在根本上就包含了貪、瞋、癡。

　　為了追求利、樂、稱、譽，人們不吝於傷害他人，也不顧及他人的幸福，而未能思考：「如果我為了自己作了這些、那些，會不會傷害其他人呢？」甚至完全沒有想到這些，如此的冷漠也就是缺乏同理心。同時也毫不在意造業將

---

❶亦稱為世間八風，即「利、衰、譽、毀、稱、譏、樂、苦」。

帶來的後果，這是一種謀求己利的欲望：「我想要任何對**我**有利的！」世間八法的根源正是這樣的自私自利。但無論是多大的利、樂、稱、譽，人們永遠不會真的滿足。當你擁有了一個，就想要十個；有了十個，就想要一百個；若有了一百個，仍然想要一千個，就像這樣永無止盡。我們可曾覺得，這些物質利益「已經夠了？」我們可曾覺得：「我不想再有更多了？」當我們得到一些享受、一些逸樂時，是否曾如此想過：「太棒了，這已經夠好了？」一旦有人稱讚自己，聽到他人對自己的溢美之詞，或是獲得好名聲，我們是否會想：「這樣夠好了？」老實說，我們從來不會這樣想。

我們的修行有多好，取決於我們對世間八法的渴求有多低。完全離於世間八法的人，即為聖者。**其心已淨除世間八法者，謂之善男子或善女人**。無論我們是世俗凡夫或修行者，世間八法都會為我們帶來麻煩。

在本書中，欲求「利」（渴望物質利益）並不僅限於追求財富，也包含了對美好的色、聲、香、味、觸等，種種享用的渴望；欲求「樂」（渴求逸樂），代表想要身體感官或心理方面的悅人享受；欲求「譽」（得到名譽、好名望，或

是出名），人們甘願承擔許多麻煩、經歷許多困難。有些人想要美名聲揚，但有些人只是想要出名，即使當個壞蛋也在所不惜。欲求「稱」（渴望得到稱讚），則包含言詞和表情兩個方面，基本上，我們想要得到回應，知道自己是被珍視的。每當我們得到自己喜愛的，我們就為之欣喜，事實不就是如此嗎？只要簡單幾個字或是一些跡象，證明自己是受到重視的，即使只是微乎其微的小事，都能夠帶來喜悅，不是嗎？想當然，若是相反的狀況，人們連一句話都沒有稱讚自己，並未表達對自己的激賞，我們將會因此惱怒。**修行者應當努力不為世間八法所動。**

當然，我們需要有個住處，需要衣物、食物，和睡覺的床，這沒有錯。但若只是汲汲營營地累積自己的所有物，將毫無益處。我們也需要快樂，這沒有錯，但若是讓自己變成一個追逐各種小小感官娛樂的奴隸，這也沒有用。稱讚、名譽並沒有那麼必要，往昔噶當派的修行者極為憎惡名聲和讚譽。他人的稱讚和欣賞，對修持而言是嚴重的干擾。讚譽與否、欣賞與否，都會引起強烈的貢高我慢、強烈的好勝心，我慢也直接障礙了等持（三摩地）。

　　自心越是渴求世間八法，禪修越是渙散。因為世間八法的緣故，我們陷入各種煩惱之中。如果我們形成了這樣的習氣，縱使哪天我們真的了解如此渴求世間八法是毫無意義的，屆時卻會覺得自己無能為力。我們無法控制自己。

　　此處的核心要點在於，前往僻靜處修持會有很大的幫助。密勒日巴曾說：「**無人村落作修持，吾身自在、心安樂。無有貪瞋生起境，覺受了悟得增長。**」如此的外境清淨、自然，沒有紛擾，唯有野生動物為伴。在這樣的環境中，我們的修持能迅速進展，〔所以說〕身處僻靜具有非常好的特質。我常在西方社會中聽到商務人士或繁忙的都市人們說：「我們有度假的地方，夏日小屋、周末小屋，非常安靜的地方。」靜謐的外在環境，能與我們此刻的心中感受有所連結，同時也能連結到我們自心的內在最密狀態，連結了外、內、密三種層次的僻靜。

　　教導提到，最佳的修持場所是山區或洞穴的僻靜處。其次則是寺院，第三等則是在城市裡當個在家居士。以修持而言，最簡單的方式是在山中閉關，生活在洞穴裡。最困難的狀況則是作為一家之主，同時又要獲得高度的了悟。這是什

麼原因呢？如果所處的環境非常容易吸引你的注意力、**耗費**你許多的注意力，而你還能在此狀態下讓修持有所進展，則你必然具備傑出的精進與智慧，如此你就是最好的修行人。修持金剛乘，與年齡是老是少、是否受過教育、性別是男或是女都沒有關係，只要是領受教導並實踐教導者，就是修行人。

修持前行：兩種淨業及煩惱之法

無論何種修持，開始修持前都應當一再對貪、瞋、癡生起出離心。貪、瞋、癡創造了三界輪迴，在這輪迴三界之中未有任何一處不被貪、瞋、癡所遍滿。要打從內心深處了解，一切痛苦皆由業與煩惱所創造。倘若無法淨除業與煩惱，我們也只能束手無策。業與煩惱是痛苦與妄念的邪惡根源，但它們可以被斷除。它們是暫時的，是能被淨除的。

有兩種淨除業與煩惱的方式，包括一般的世俗方法，與修道的方法。世俗的方法就像是我們對別人說：「別擔心，放輕鬆，慢慢來。」要了解這些話，它們其實是非常有力的。「放輕鬆，慢慢來，別擔心。」這樣對別人說，是極有

助益的，但通常說這些話的人，不一定清楚這些話的含義。
我們不僅對人們這樣說，對寵物也不例外，我們會拍拍寵物
說：「好啦、好啦。放輕鬆，慢慢來。」而這樣的確有用。
「別擔心」的意思是不要想太多，不管自己現在想到什麼，
都不要想太多。它也可以代表完全不要想太多。「慢慢來」
意思是讓自己無憂自在。「放輕鬆」則是什麼都不執著，讓
自己的分別念放鬆。這三句話的意義其實非常有力量。「放
輕鬆，別擔心，慢慢來。」如果不曉得怎麼放輕鬆、怎麼不
擔心，只是聽到這樣的話也許沒辦法真的有幫助。不如聽聽
看相反的說法：「繃緊點！擔心個夠！好好提心吊膽！來個
緊張兮兮！動作快！」

> 煩惱因思惟而來。
>
> 念頭製造了煩惱，
>
> 念頭創造了業。
>
> 因此，勿追隨過去念，
>
> 勿迎求未來念，
>
> 當下此刻，無須導正，

無須修整，

無須接受或者拒絕。

無須改變了然本智。

只要任其本然如是，

不企圖以任何方式改變它。

此即名爲「保任本來面目」。

安住於無造之本然，

此刻，自心體性爲空，

同時亦爲明。

明，卻又空，

此即爲自性。

安住本然之中，並不代表讓心變成空白一片或是昏沉，它能明了且處於當下。但這份清明的覺知不需要執持任何事物。大圓滿稱之爲立**斷**之本初清淨，這也是第四灌頂的內涵，它是遍輪涅所攝一切狀態中所具的無二大樂。運用於實修時，所指的便是空、不涉入、全然赤裸、寬闊明了，並且豁然分明。每當我們涉入三輪的分別念，赤裸覺性遂即消失

無蹤。而停止分別三輪時，本初心就是空、寬闊明了、離於執著。這也稱爲本覺之智慧，能夠了知的智慧。以一般粗重的層次來說，此時不會有煩惱，而在更細微的層面上，執著的分別念則不見蹤跡。

好比水銀不會被塵土混入，明且空的本初智也不被業與煩惱所垢染。在這樣的短暫時間內，雖然我們的色身是人，但心已是佛。儘管由於只能維持非常少的時間，「斷證功德 ❷」未能完全顯現；然而，此時已能顯現一種特別且獨特的功德，它與心的所有凡庸狀態不同。認出它的那一刻，業與煩惱都不存在。業與煩惱的相續已被中斷，不存在了。這個功德就是空性的體驗，但我們尚未嫻熟於此，我們的修持尚未完全穩固。這個本初的平常心，立斷之本初清淨是眞實的，但因爲尚未完全熟悉於此，無法保任其相續。我們或許能暫時認出大手印的空且明、大圓滿的自性，但除非我們能熟習於此並獲得一定的穩固，否則幫助有限。想像一個身處

---

❷ 斷證是指盡斷一切垢染、了證一切功德。如來擁有兩種殊勝功德：永斷一切煩惱障和所知障（二障）爲斷德，通達一切如所有智與盡所有智（二智）爲證德。

戰場的幼童，這個孩子完全無助，根本無法戰鬥，也無法防禦。相同地，行者或許真實認出了心的本質，但這樣的認出還未真的「增長」到足以面對一切狀況。

大手印或大圓滿的修持並非一種禪修的行為，因為任何禪修的行為根本上都帶有分別，而任何帶有分別的修持都不是在修持自性。修持大手印與大圓滿代表沒有任何造作，僅只是讓我們的自性得以延續，而這與我們的習氣不同。我們必須以修持培養新的習慣，但這個修持不是**禪修**，而是**串習**。當我們終於抵達無修的法身王位時，再也沒有任何要修習的了：連一粒微塵都無須禪修，而同時連一個剎那也不渙散，我們必須如此修持。這又可描述為無分別作意，也就是心中什麼都不做、什麼都不製造。大手印即是無作意，然而，切莫只是一邊坐著一邊想：「我什麼都不該做」。在心中有所造作，就是一種分別；但如果想：「我心裡什麼都不該做」，這同樣也是分別。

禪修的指導手冊經常提到這樣的說法：「**無須改變你的當下了然智慧**」。連髮端之毫都不作修整。僅只是任其所然，本來如是。這是非常精妙的一點，需要對此有更多的理

解。當人們聽到「菩提」（覺醒之境地）、「佛心」，他們會
認為那一定是某種不可思議、讓人大為驚奇，且完全超乎這
個世界的東西。一切必定都已消失、瓦解、消融，是某種極
為獨特、自己從未經驗過的事物。若有許多如此先入為主的
概念，則很容易就會無視於「佛心」的實相。

讓自心安住，

空且明，清澈了然，

就讓它本來如是。

無須修整，任其如是。

無須改變當下平常心。

你的當下了然智慧，

它離於接受或拒絕，

它離於修整或改變。

我們稱此為**認出**，它是本自為空且明了的覺性。而當此
覺性並未依附何處時，它就是自然寬闊敞開，無有依憑，這
就是「**五根寬闊敞開，覺性無有依憑**」的真正意涵。就像這

樣，安住於此平等捨中。

我們當下的平常心有著一種毫無執著的覺性，它無垢、清淨。若能容許此了然的平常心本來如是，無有改正或修整，不作任何方式的改變，沒有接受與拒絕，此刻就能對一切毫不執取。若能讓心不趨向任何事物，那些執持事物為恆常、真實，「這是我、那是他」的一般分別念都會消失。此時就完全從業與煩惱當中解脫。

時間短次數多的修習

修持的要點在於時間短、次數多。若企圖以太長的時間保持覺性，將導致昏沉或掉舉。與其擔心修持體驗時間的長短，更應將重點放在真實自然的空、明、無執之狀態。即使不能持續太長時間也沒關係，真實的體驗才是較好的。任何我們所試圖延續的，都是編造出來的「自性」。或許我們無法保任自性太久，但即使延續了較長的時間，也不能為真實的進展帶來幫助。

我們要如何驗證自己的自性是真實、確切，又可靠的呢？自性必須完全不帶分別念。每當形成了分別念，本覺就

受到染垢，就變得腐壞。**時間短而次數多**，在這個階段我們只能認出相當短暫的時間。一旦想要延長這個期間，我們所企圖培養的就成了有分別的、人為的。但如果是因為本身修持所致，使得本俱自性能自然延續一陣子，此時並不需要中斷它來縮短時間，否則同樣也會變成是分別的。此處的要點是，我們不需要對這個狀態做什麼：不需要縮短時間，也不需要延長時間。

大圓滿的教導告訴我們，**褪去任何遮蔽，就讓覺性赤裸**，以此區分二元心與本覺。意思是要離於執取、離於分別念。若我們持有任何分別念，或專注於某事物上，此刻本覺即非赤裸的，而是已被遮蔽了。而若是未形成分別念、不專注任何事物時，這一刻當下了然的平常心、當下了然的智慧，將本自赤裸且了了分明，而行者只要如此地保任它。平常心或俱生覺性的特色是寬闊敞開，而分別心則是侷促受限的。

因此，在修持中發現自己處於寬闊敞開、廣大無邊，且離於參照點的狀態時，這就是平常心，就是俱生覺性。若注意到自己的狀態是侷促受限、專注於某對境、帶有參照點

時，這就是二元心。我們應當要知道如何區別此二者。若我們腦中滿是凡俗念頭，卻自以為安住本然心性，則終將枉然。**我們必須認出何為真實、可靠的，這一點相當重要。**我們必須認出何者是畢竟空、究竟赤裸、毫無阻礙、朗朗分明，且無有執著。

有任何疑問、任何不確定的部分嗎？

弟子：為什麼只要五根寬闊敞開，第六的意根不需要如此嗎？

仁波切：第六根連結了前五根。如果只是張開眼睛，不代表就能夠明朗照見，除非眼根也與心識產生連結，對嗎？

弟子：有沒有可能處在空性的狀態中但仍然有所執著？

仁波切：當自己安住平等捨時，我們會注意到是否有任何身體上的不適，那會一次又一次的抓住我們的注意力。這並不是說我們的心一半是空的，而另一半同時在分心。其實比較像是兩種狀態的來回轉換，我們的注意力被某件事帶走，接著再度被放開。

弟子：仁波切，您提到有一種不帶分別的覺性，這是真

的嗎？

仁波切：覺性，大圓滿的覺性，它的定義就是不帶分別。

弟子：哇！

仁波切：很好的反應。

弟子：在本覺中，我有時可以認出空分、明分與樂，但我不太能感覺到廣大無邊。這是不是需要更多的串習？這代表我仍然有空間上的執取？

仁波切：如果你完全放下任何的焦點與參照點，徹底放下，就不可能沒有那份敞開，和廣大無邊。

弟子：我一定是膠著在什麼地方了。

仁波切：沒錯，代表有些細微的執著還留著。

弟子：最能夠對治昏沉的方式是什麼？

仁波切：有所謂外和內的方法。外在的方法是爬到視野寬敞而景色廣闊的高處，穿少一點而不要讓自己太暖，然後將視線上揚，也可以瞬間用力吐氣。也有一種關於猛然發出「呸」聲的特定口傳竅訣。

內在的方法則是要提起正念，無論是刻意或無勤的憶念，此二者都是要提醒自己一再簡單地保持空、明，且全然

明晰。這代表：**昏沉或昏昏欲睡都只是另一個念頭，應捨棄這個念頭。**

弟子：座上修是一回事，但每次一站起來，我的體驗又變得實體化，馬上感覺有一個「我」站了起來。每當我試著要在走動、做事等正式修持以外的時間運用這些方法，都只是造作。我知道自己一直以來有多麼分心散亂，這真的快把我逼瘋了。除非我坐下來修持，否則這方法好像沒有用。

仁波切：從這裡你就可以了解維持座上修的重要性。我們有清醒的時間，重要的是要將這些時間分為座上和座下。在座上修的期間，會有入定與後得的階段。當你把背打直，保持一定的平衡姿勢時，呼吸就變得自然不費工夫，此時已符合一些特定的要點。同時結合這些要點，將對心的狀態帶來特定的影響。教導提到：「**契合身要方便時，心中了悟將顯現**」。當你讓自己保持這樣的姿勢時，將感覺心的狀態有所不同，不是嗎？感覺更放鬆、更敞開？這樣的身體姿勢就能成為了悟境地之方便。

我們現在已經開始練習座上修，對嗎？每當我們練習，就會越來越習慣這樣的方式。當行者能真正修持到穩固的程

度時，將更可能、也更容易在座下修時也保持如此的方式。此時就能將座上修與每日的行、住、坐、臥融合在一起。當中最困難的是「臥」，也就是在睡覺時、在夢境中。我們必須在這一切的狀態中修持。竹巴噶舉傳承的一位大師，林傑瑞巴（Lingje Repa）曾說，

> 上師囑咐應修原始本性，
>
> 我便再再如此而為。
>
> 而今座上座下皆已消逝，
>
> 我又應當如何而為？

你剛才說的沒錯，但對有些人來說，坐下來修持反而有更多的念頭。他們發現自己在移動時狀況會好一點，尤其是搭巴士或計程車的交通方式，而不是自己開車。

弟子：雖然我的確體驗到空與明，但對放下一切還是有點害怕。我有西方社會的習氣，想感覺到必定有某種有形事物在那兒。不可能什麼都沒有。

仁波切：這一定是科學帶來的加持。

弟子：這最終能透過修持而消融嗎？

仁波切：你可以讓自己擁有智識上的確信，如此的空明雙運是無形的、非實有的，同時透過自身的修持，藉由體驗來證明它。在眞實的禪修狀態中，你能了解沒有實體物質的存在。因此，當你反覆練習放下念頭與根深蒂固的想法時，它們將會一次次地漸漸消失。如此就會變得更好、更簡單。

弟子：除了日間的修持之外，是不是還有一種入睡時的特定修持，能夠有助於提供認出心性的緣境？

仁波切：那是**那若六法**當中的一種修持。**沉睡光明**的修持結合了生起次第與圓滿次第，且運用了一種結合認出心性的觀想方式。沉睡是一場小型的死亡，所以在這階段進行修持是非常重要的。每當你感覺昏昏欲眠、想要睡覺，以及快要睡著時，這些時候要提起一些正念來認出心的本質。最好的方式是一邊保任心的本質，同時一邊入睡而修持。這並不簡單，我們失念（丟失正念）的習氣甚爲強烈，我們相當習慣變得毫無所覺，所以實際上這非常困難。同時，如果我們太想要保持憶念，又會很難入睡，而將保持清醒。因此，要在心中帶著善念、好的念頭，並以此入睡。這對佛法修行人

來說非常重要。若你帶著善念入睡，這些念頭將會於睡眠中持續，因此可累積福德。這就是善妙的睡眠！於良善的狀態中睡覺。此外，若是滿懷怒火地入睡，想著「我要傷害那個人，我要報復」，這樣就會成為不善的睡眠。

弟子：有需要記住並紀錄我們的夢嗎？

仁波切：如果有人胡說八道，我們會說他們好像在說夢話。也就是說，夢並不是什麼值得重視的事。一般來說，夢境都被認為毫不重要。有時候我們的夢會成真，也許有其重要性，但大多數的夢都沒什麼意義。這也是為什麼夢境會被用來當作八種幻相的譬喻之一，也就是**如夢**。

既然我們正在修持如何在清醒時不處於迷惑，而為了完全超越妄念，我們也應當在夢境與沉睡時努力修持，好讓自己不陷入迷妄之中。睡夢修持，也就是在夢境中修持，其第一步就是要覺知此夢境為一場夢的事實。這稱為**認出夢境為夢**。接著則是「轉化」、「增強」的種種步驟。在此的「認出」並不只是久久認出一次，要在夢境中認出這是夢相當簡單。但要在沉睡時認出這是沉睡的狀態，則要困難得多。所謂好的修行人，是指能在夢中修持，**也**能在沉睡狀態中修持

的行者。這些狀態同樣必須要涵納在我們的修持中。

弟子：我們要如何延長認出自心本質的這段時間？

仁波切：本書所提到的禪修，是指保任此本質的期間。而所謂的本質是指，我們的真實樣貌並非由任何有形事物所構成，它是明且空的狀態，全然敞開卻又朗朗分明。我們必須保任它，或者另一種說法是，使它繼續而不間斷。為了讓這件事發生，我們需要一個方法，也就是運用**憶念**，提醒自己認出我們的本質，這樣做有絕對的必要性，只要我們還是初學者就別無他法。剛開始時，這樣的憶念是一種刻意的提示，稱為有勤作的正念。之後它會變成無勤作的正念。而無論是哪一種，正念絕對都是必須的，否則我們將無法認出本質。每當忘失了自性，隨即要以此一再提醒自己。不僅只在座上修的時候，而是時時刻刻都應如此做。

正如我剛剛說的，**時間短而次數多**。每當坐下來禪修時，我們好像得進入一個特別的狀態：「我現在正在禪修，這應該要持續一陣子。」雖然有非常少數的人例外，但對大多數人來說，只要自以為：「我已經安住自性一陣子了」，這要不是在說服自己、對自己假裝，要不就是完全的造作。

若是持續了一陣子，我們真的得懷疑那是否為真正的自性。關於自己是否持續安住於勝妙的自性中，**我們真的無須對自己假裝**，若能對這一點非常誠實，會是比較好的。而更好的做法是完全不製造任何的加工，只要簡單地允許這個狀態自然持續。首先，我們提醒自己認出我們的本質；之後，我們任其延續。若只持續短短的時間，就讓它短；若能持續長長的時間，也讓它長，我們不需要縮短它，否則就成了人為的。**完全不加以修整！此即修持之方法。**

　　只要一忘失了自性，立即再次運用提示，無論勤作或無勤皆可。而我們進展的方法，即是**時間短而次數多**，反覆地認出自性。再次提醒要點：不僅只在座上修持，而是時時刻刻都要認出自性。人們如果夠幸運，通常一天裡可以坐個二十分鐘，他們稱此為「禪修」。但真正的修行者並不會把修持侷限於座上修，他們即使在行進間也會提醒自己要認出本質。談話、用餐，或進行任何活動時，也都在修持，讓所有時間都成為他們修持的時間，而不再只是短暫的期間。如果我們只有短暫時間的修持，即使多年後也不會有什麼進展，我們可能會因此怪罪於佛法或竅訣：「這些應該是

非常高深的竅訣，但看看現在這個樣子，什麼都沒發生！」說真的，該被咎責的只有我們自己。

相反地，要時時刻刻薰習本質的保任。若能如此而為，就可能獲得真實且迅速的進展。這就好比服藥，唯有將藥吞下，才會帶來幫助，藥的目的即是要治癒疾病。同樣地，我們的修持是為了治癒根本的疾病，它導致了我們一切的業力行為、煩惱，以及妄念。而根本的病因正是極其細微的分別念，唯一能夠確實切斷這個真正根源的方法，就是認出心的本性，並且簡單地隨其以原本樣貌安住，任其本然如是，無有任何造作或修整。不要企圖透過接受、拒絕，抑或將我們的心替換成某種狀態而對它作修正或改善。而是毫無造作、完全自然，以此修習。這就是切斷輪迴根源的方法。而認出心之本質的那一瞬，沒有業行的存在、沒有煩惱的存在，妄念也同樣不存在。就在此刻，一切都全然清淨。我們必須以此修習，我們必須嫻熟於此。而所謂要對此嫻熟，並不是一種像是觀想本尊或寂止之專注寂靜的禪修行為。此處

所說關於無分別念智慧的勝觀修持，它沒有可禪修之**對境 ❸**（對象），因此並不是一種禪修的行為。徹底離於禪修，心中毫無執持，**如此**即為最勝之修持。

---

❸參見《恆河大手印》：「請安住於無可禪修境！證『無所得』即證大印也。」

12

修持心要

目前為止我已講授了許多內容，現在要總結其中的一些要點。簡言之，我們必須了解整個輪迴之中的所有希求皆是無用的、無義的。其中，我們尤其要了解業與煩惱就如同毒藥，是自我的煩惱使我們造下了無窮無盡的惡業與惡行，它們只會帶來痛苦。因此，煩惱就是迷妄體驗的根基。如果你畏懼輪迴，想要出離一切，就應當捨棄業與煩惱。

而我們由內心深處生起悲心的對象，應當是所有一再經歷自身所造之苦的有情眾生。菩薩乘的經典中經常提到，每一位有情眾生於多生多世以來都曾作為我們的父母、手足和孩子，他們都曾是我們的親人。我們與所有眾生皆有連結，無一例外。藉由修習正見與清淨的悲心，我們就能真正地幫助他人，將他們引領至恆常的解脫與佛果境地。應以此發心而為：「我**將修持正見與清淨悲心，以此引領一切眾生成就佛果！**」時時刻刻都要持守這個珍貴的菩提心。切莫只是嘴上說說，而要努力讓菩提心的感受更為深刻，使其從心中最深處生起。讓厭離輪迴與慈悲心成為修持的根本基礎，此外，也要修持正見，也就是能夠認出心性的清淨見地。

佛教所有層次的修持都結合了二種面向，即智慧與方

便。佛教的共通教導中，方便指的是清淨律行或戒律，同時也包含禪定。而方便帶來的果則是智慧，了悟無自我之存在，即無我的洞見。以如此的方式修持，我們就能成就解脫。在菩薩乘的教導中，方便是指六波羅蜜多的前五度，智慧則是稱爲「般若波羅蜜多」或「出世慧」的第六度。透過這兩種面向，我們將能通達悲空不二的眞正見地，也就是與大悲無有分別的甚深空性。由此我們將能在五道十地上進展，一路由第十地抵達最後第十一地的正等正覺佛果。

　　至於以密咒金剛乘來說，金剛乘的特質則是淨觀。因爲一切萬法自始即是本初清淨，一切顯有都爲遍在清淨。要將一切視爲清淨，是一種非常深奧的修持，這屬於方便的面向。而金剛乘的智慧面向則是無二的本初智，也就是認出我們自心的眞正本性。由於暫時的迷惑與持續的錯亂，我們誤以爲存在著一個「我」，但其實並不存在這樣的個體；誤以爲有「彼」和「你」的存在，但其實也並不存在這樣的實體。基於這些暫時的錯亂，一切輪迴的各式各樣體驗便由此

展開。情器世間❶（有情世間與器世間）的體驗都來自這個持續不斷的迷惑。

　　爲了淨除如此的錯亂、這個不淨的感知方式，我們不僅要修持淨觀，同時也要認出無分別智的眞正見地。對此，金剛乘有許多促其成辦的方便，諸如「四轉心❷」的思惟、四種或五種十萬前行法，以及生起次第、咒語持誦，和圓滿次第等。金剛乘的方便非常簡單，種類繁多且不需太多苦行。而這些方便對於淨化暫時的迷惑，確實有極大的效用。

　　讓我們以木柴與火二者的連結爲例，若有許多木柴，就能生起大火並讓它長時間燃燒，這個火的大小與長時間燃燒的能力可說是要歸功於木柴。然而，一旦木柴燒盡，火也就熄滅了。沒有木柴，火就無法燃燒。相同地，積聚福德資糧也是必要且有效的，因此，當福德資糧結合智慧資糧，也就

---

❶俱舍論卷八舉出二種世間，即：（一）有情世間，又作衆生世間、有情界。指一切有情衆生。（二）器世間，又作物器世間、器世界、器界、器。指有情居住之山河大地、國土等。詳見《佛光大辭典》。
❷四轉心是指思惟「人身難得」、「死亡無常」、「業因果不虛」，以及「輪迴過患」的修持。

是結合甚深空性見地時，福德將成為智慧的柴薪，讓我們能夠超越輪迴。故而，方便與智慧，福德與智慧，是至關重要的。智慧能讓我們離於輪迴，而此般若慧（般若波羅蜜多）須藉由累積福德而成辦。正如教導所言，**智慧為方便之果**。

至於修持有分別對境的善法，則是要斷除害行（欲傷害他人的行為）與害心（欲傷害他人的原因）。若能避免加害於人，其後就能行使利他之事。此時我們便可創造出有助於自己通達教導的緣境，而能與教導連結，並到達善知識所在之處，一切將自然而然變得越來越容易。

你現在或許無法禪修，或是近期仍無機緣可以修持生圓次第，但你仍然可以真誠地皈依三寶，亦即佛、法、僧三殊勝，接受此三者為你的庇護與依止處。透過生起善念，你將於未來某刻而能再度與法教有所連結，你將可值遇得以聞、思、修佛法的緣境。結合三寶的加持力，以及自身的信心力與虔敬力，才能得以修持佛法。教導提到，雖然三寶的加持之鈎恆時都在，但唯有我們的開闊信心之環也同時存在，否則鈎環仍無法相扣。

所謂的菩薩戒，是指希求利他的真誠祈願。我們思惟：

「只要力所能及，我將直接和間接地饒益他人。為此我奮不顧身。」菩薩戒的根本，在於決心要引領一切有情眾生成就佛果。這不該僅限於領受菩薩戒的儀式上，而是每日皆應如此。每當我們進行修持時，都要把菩薩戒放入念誦的內容中。每當我們坐下禪修時，都要領受菩薩戒；這就像是禪修的前奏曲。雖然它看起來好像沒有太大的幫助，似乎只是一種美好的想像，但這不是事實。一開始的誓願將能帶來真正饒益他人的力量，使得菩薩更為堅毅且勇敢，而能真正以廣大行持成就一切其他眾生的利樂。如此的真實能力直接來自於發心（動機）。一開始，菩薩生起了強烈的決心，一種希求饒益他人而極為深刻有力的祈願。我們所領受的菩薩戒正是菩薩事業的種子，未來我們利他的能力將由此種子而生，進而能實際饒益他人。領受菩薩戒的利益實為廣大無邊。

四灌頂

金剛乘的戒律稱為三昧耶，是經由領受灌頂而得到的。我們透過領受金剛乘的四級灌頂，而被引介諸法的根本自性，也就是萬物的真實樣貌。

　　四級灌頂當中的初灌，亦即「寶瓶灌頂」，其所要爲我們引介的實相是指：我們的任何所見、所有的顯相，都是可見的空性（顯空雙運），這不只適用於我們觀想的無量宮、佛土與本尊，而且包含我們見到的一切。第二灌頂要爲我們引介的實相則是指：不僅咒聲，一切音聲都是可聽聞的空性（聲空雙運），而通達這一點即是了悟諸佛（勝者眾）之音聲。藉由第三灌我們能夠了解，不只是那些能帶來樂受的感官印象（觸），其實一切的感官印象也都與空性無別。這一點對於身處於人道的我們來說是非常重要的，尤其我們都正處於名爲「欲界」的輪迴之地。欲界中的眾生，對於樂受的耽溺與欲望都非常強烈、極爲深重。第三灌頂爲我們引介樂空不二的本智，藉此讓我們離於耽溺樂受的習氣。而第四灌，珍貴的「詞句灌頂」，則爲我們指出心的本俱自性、俱生本智，即是空明不二。

　　想當然爾，最好的情況是在領受此四灌的同時，立即能以我們自己的體驗了悟此四灌之用意，以及灌頂要爲我們指出的內涵。以這個特別的方式，灌頂與了悟將能一同到來。即使未能如此發生，至少灌頂本身也能賜與加持，讓領受灌

頂者在未來之時成爲具器者，而能了悟灌頂之用意。

簡單地說，勝者密意傳承是一種灌頂；持明指示傳承也是灌頂；而補特伽羅耳傳，也就是我們領受的教導，同樣也是一種灌頂方式。到目前爲止，我在本書中每個章節講授了關於心的自性、認出自性的重要，以及如何修持，這些也都與灌頂的意義相關。事實上，沒有教導就沒有灌頂，沒有灌頂也就沒有教導。儘管這麼說，但這二者之間仍有差異，〔就像〕在這些教導中，我並未使用一般的壇城，或是灌頂法會的各種法器。

結合方便與智慧的修持

金剛乘之道是指方便與智慧，其中方便是指生起次第，智慧則指圓滿次第。若不了解其目的，生起次第就只不過是孩子們堆沙堡的遊戲。生起次第可帶來暫時和究竟的利益，這些利益是合乎邏輯又深奧的，而且能夠藉由竅訣與我們的自身經驗來得到證明。修持生起次第，能使我們視身體和居處爲實有的貪著與執持逐漸減少。實際上，一切諸法都是體驗與空性的融合，或稱爲**顯空雙運**，因此，以這樣的方式觀

待一切諸法，能相應於萬物的眞實樣貌，毫無矛盾之處。一切音聲都是**聲空雙運**，諸佛之音聲爲可聽聞之空性。以一切感知而言，若我們眞的仔細觀察它們帶來的感受爲何，將發現一切感知都是**樂空雙運**。尤其當我們以金剛身三脈與五輪的要點修持而燃起拙火時，將體驗到樂之暖熱。經由譬喻智 ❸，我們將能了悟眞正的智慧、眞實智，也就是赤裸的**空明雙運**。

這些修持還有一個目的。一般而言，一切萬法都是因緣相依而生。而且心非常有力量，如果心本身趨向善，我們就會廣大行善。如果心趨往負面的方向，我們也會造下無盡的惡行。

若是從內心深處發願：「願我利益無量眾生！願我獲得大力，眞正饒益無數、無量！」如此發心者，不就能行使廣大善行嗎？而相反地，若是生起了這樣的強烈希求：「願我

❸ 密續中有許多爲弟子引介本初智的方法。有些方法會先爲弟子引介相似於本初智的事物，因此有「譬喻智」的說法。而「眞實智」則是相對於譬喻智而言，是指眞實智慧，而不僅只是相似之事物。眞實智也正是第四灌頂所要指出的。

能壓制極爲眾多之人，並摧毀我的敵人。」出於這個惡意的祈願，此人就會造下大量的惡行。動機本身並無有形的形相，而發下此等願心的人也許看起來很一般，但這些卻可能是很了不得的發願。勝妙之發願具有很大的力量，然而，負面的發願也同樣有如此的力量。

有些人說：「佛教也許不錯，但佛教的跟隨者並沒有爲其他人真的做了什麼。佛教徒只是坐著，然後爲其他人許下美好的願望，沒有真的爲這些祈願做些什麼。其他宗教的人則會真的伸出援手，他們建醫院、蓋學校，他們真的爲其他人付出。」以暫時利益來說，這樣的說法是正確的。而若是談到長遠的利益，這樣的說法就有欠公允。當對方還在世時，爲他們提供醫療、教育等，給予他們食物、衣物和庇護處，這確實是一種利他的方法，稱爲世間的利益，幫助他人建造在這世界中美好、舒適的狀態。然而，如果你能影響他們的態度，讓他們培養慈悲與智慧，那將是更爲廣大、且不會耗盡的利益，他們能一直帶著這些功德。給予物質（財布施）是好的，但給予能對抗恐懼的庇護（無畏布施）則是更大的布施。而各種布施當中最爲勝者，則是給予教導（法布

施），它能幫助人們的心減少煩惱，增長悲心與智慧。給予通達諸法自性的智慧，如此的布施並不只是暫時的利益，更是恆常的大利。

　　諸法皆由因緣和合而生。因此，如果我們的修持能結合方便與智慧，如果我們的修持方法是正確且清淨的，同樣地，我們將能得到清淨且圓滿的了悟。因與緣的完美具足，也許看似非常簡單，但其實不然。任何事情的發生，都需要同時具備許多要素。舉例來說，想要來一杯美味的茶，就需要很多東西。我們需要水、杯子，和乾淨的茶壺，多少也需要火。同時也得有茶葉，而這都還沒提到牛奶、砂糖、蜂蜜，或者其他的調味料。即使只是像這樣簡單的一杯茶，如果少了一個要素就無法完美。

　　相同地，若少了方便，我們無法得到方便的果，也就是智慧。若是不須使用方便，就能獲得了悟，這當然比較好。若是什麼都不用做，食物就自然而然準備好，那當然很美好。若無需經歷旅程就能到達目的地，這就再好不過了。但這樣的事不會發生。因此，切莫對皈依、菩薩戒、清淨遮障、圓滿資糧、四轉心、前行法、生起次第、圓滿次第等各

種方便不以爲然。不要低估這些修持的價值，一個小方便將能產生廣大的果。不要輕忽這些方便、小看這些法門。如果我們就算是對小方便也不低估，那麼如此的小方便將能幫助我們，開展一切法門最終的深妙之果，也就是**眞實無我之智慧**。

在佛教的所有三乘中，我們都是以結合方便與智慧的方式來修持。無論我們是以了悟無我的智慧、空悲不二的甚深見地，抑或非二元之無分別本智的根本狀態做修持，都是如此。只要是能幫助你在道上進展的法門，請你運用它；造成修持更難進展的任何事物，都請避免它。有兩種肯定會帶來助益的助緣，也就是**虔敬**與**悲心**。此二者是清淨遮障與圓滿資糧的最好方法。此外，若是要克服我們修持中的阻礙、歧路與陷阱時，同樣有兩種非常安全、簡單，且恆時有效的方法，那即是虔敬與悲心。**眞切的虔敬與誠摯的悲心能克服一切阻難**。

我也爲各位讀者解說了戒律與誓言的目的與利益。而金剛乘修持的心要與其眞正目的，則會在灌頂時爲弟子指出。而〔灌頂時所指出的〕那個智慧，即是灌頂的本性。爲了要

眞正得到灌頂，爲了能了悟本初智，傳統上需要許多的準備。這也是爲何積聚福德、清淨遮障、圓滿資糧之所以必要的原因。但只是清淨和積聚仍然不足，重要的是我們不應分別方便與智慧。如我先前提到的，

　　俱生智慧，超越言詮，

　　若欲認出，唯藉集資淨障，

　　並結合了悟大師之加持。

　　應當知曉，若依他法，所得不過妄念。

　　現在我要總結心性的一些要點。我們的心，體性空、自性明。空又可了知，此二種功德無有分別。此空明雙運並非以任何實體的形式存在，它無生、無滅，乃本然的無爲。請讓此空明雙運簡單**如是**，對一切毫無執取。一旦認出此空明雙運時，常見與斷見也將自然泯滅。教導也提到，佛教見地應離於此二邊見，切莫讓其流於智識的想法。要認出超越此二邊見的心之自性，讓它融入你的眞實體驗之中。

　　如同無垢之水銀，俱生本智不受分別念所染。應離於能

見與所見，若執持能見者與所見者，我們不就仍受困於二元性嗎？我們必須捨棄輪迴，而這可以透過捨棄執著來達到。只要有二元執著，就仍有二障、仍有輪迴。然而，除非二障已被眞正地指出，否則並不容易覺察。首先，煩惱障是指慳吝等等的蓋障，它們都是相違於六度波羅蜜多的；而所知障則是指任何分別三輪的蓋障。當我們禪修時，也許有辦法離於煩惱障，但卻仍有分別的行爲，也因此，在禪修的期間也不見得能與輪迴分離。

就本書所說的內涵而言，禪修不應以二元心修持，而是**要以心性修持**。當我們爲了追求解脫而禪修時，還要讓輪迴的體驗持續嗎？直挺挺地坐著、視線固定、滿腦子凡庸念頭，這樣就足以稱爲「保任佛性」嗎？禪修的意思是不要沉溺在凡庸的分別心中，不要沉溺在尋常的輪迴感知中。像這樣陷入三輪的想法只會產生遮障。這是「未離垢眞如」的狀態，和其他世俗眾生的心態沒什麼兩樣。唯一的差別是，你坐著的樣子看起來像是在禪修。身爲修行人的我們應當與此不同。

請注意這句話：「**任何想到三輪的念頭即是所知障**」，

當我們不被有關三輪的念頭所染時，你就能正正當當地說，這是保任覺性的本來面目。正如落到地上的水銀，無論你打翻了多少水銀、無論土壤有多麼髒污，水銀都不會跟土混合，地上的塵土無法沾染水銀。俱生本智就像無垢的水銀，不會因涉及三輪的念頭而受到垢染。

簡言之，任何對見地的錯認，任何的問題、歧路、陷阱或錯誤，原因都在於仍然持有分別念。分別念是所有阻難、所有歧路的根源。因此，要認出你的自然面目，你那徹底離於任何分別念的赤裸空明雙運，並對此達到穩固。

弟子：能否請您更進一步解釋三昧耶？

仁波切：梵文裡的三昧耶，在藏語裡稱為**黨企**（damtsig），它的字義有許多的解釋方式。簡單地說，**黨**是指殊勝的，**企**則是一個宣示。因此，**三昧耶**是一個真實、誠摯、清淨、確切的宣言。讓自己努力以相應於法爾實相的方式而為，就稱為持守**三昧耶**。我們的任何所見都是顯空雙運，此即這些顯相的真實樣貌，也是我們必須了悟的。一切顯相皆為可見之空性，如此的了悟即是諸佛之金剛身。這就

是三昧耶的宣示，這個宣言是眞實、確切，且殊勝的。持守三昧耶，就稱爲「持守金剛身之三昧耶」。而所謂一切音聲爲聲空雙運，以及心爲空明雙運，同樣也都是三昧耶的意涵。這是無欺的實相。

若要更詳細地解釋三昧耶，可列出數十萬種細項，但全部都攝集於一個方法之中。也就是說，當你能夠眞實**體驗實相，一切顯相、音聲、覺性，皆是顯空雙運、聲空雙運、空明雙運**，此即最重要的三昧耶。能做到那樣，就是最好的。次佳的方法則是擁有這般的確信：「一切所見都是顯空雙運。一切所聞都是聲空雙運，爲諸佛之音聲。心則是空明雙運、俱生本覺、俱生本智。這是眞實不虛的。」擁有如此的確信，就稱爲持守數十萬條的一切三昧耶戒。

與持守三昧耶相違的，則是將自己的一切所見所聞，都視爲堅固的實有，都是恆常、具體化的，是形成而來且眞實存在的。以心中生起的念頭與煩惱來說，若是無法認出這些想法的能思者或能感受者其眞正本質乃是俱生本智，就破損了「意三昧耶」。若未能信任我們的自性即是法身或本覺，而持有反對的想法，就稱爲「違背殊勝三昧耶誓戒」，違背

了**諸法之無欺實相**。只要仍持有如此的意向，行者就無法了悟何者為真實不虛的。

弟子：若要清淨遮障、圓滿資糧，以及對見地的認出獲得穩固，最好的方法是什麼？

仁波切：如我先前提過的，有各式各樣的許多方法可用來清淨遮障、圓滿資糧，並且對認出心的自性獲得穩固，但最有幫助的兩種助緣便是**虔敬**與**悲心**。你也可以將淨觀與慈愛二者納入其中。當然，任何無法讓迷惑顯現為智慧的歧路與阻難，都需要被清除與克服。同時，呆滯、昏沉、打瞌睡等許多狀況，也會讓禪修變得一蹋糊塗。而要驅除這一切阻礙的最佳方法，就是虔敬與悲心。

偉大導師蔣貢・工珠曾著有《**遙呼上師祈請文**》，讓我在此引述其中的兩句偈言：「如法行時昏沉而無力，非法行時聰明而機敏❹」（每當進行佛法修持時，我感到越來越昏

---

❹此中譯引用自《遙呼上師祈請文：安虔信心之釘》，正法電子書（Dharma Ebooks）。

沉，感知也變得不明晰；而當我從事世俗活動時，我感覺生氣蓬勃，也清醒。我的感知寬闊敞開。）這是眞的，事實就是這樣！從我還小的時候，父母就教我《遙呼上師祈請文》，這也被稱爲《安虔信心之釘》祈請文。我念誦了很多次，也覺得非常有幫助。我想鼓勵讀者也將《遙呼上師祈請文》的念誦作爲自己的修持。

在這個祈請文的一開始，上師似乎是在遠處，而我們從自己所在之處呼喊，好像離上師非常遙遠，因此我們必須以強烈的熱切與渴望來呼喊上師。而祈請文中也提出許多懇求，明列我們想請上師賜與的全數所需之物。我們請求加持，希望得到這些和那些，一項又一項地請求。而我們眞正希求的，則是要了悟究竟的上師，亦即我們的自性。簡言之，《遙呼上師祈請文》是一種懇求，來自於我們想要認出自己的本俱自性、自己的本初心。直到達此之前，我們要運用何種修持都沒有關係。一切修持都趨於同一個目標，都是爲了讓我們認出究竟的上師，也就是我們當下的本俱自性、了然的本智。在我們認出這一點並對此認出獲得穩固前，我們都不能算是遇見眞實的上師，而只是遇見與其相似的樣

子。虔敬與悲心就像是一種增益，因此也是最佳的解藥，能夠避免落於擾亂禪修的昏沉和呆滯，同時也能夠遣除所有讓自己無法安住心性的障礙。

我們也需要精進不懈。精進有許多不同的類型，其中最好的一種，是由於對自己所作所為感到欣喜而生起的一種穩定持續感。有時我們得做自己不喜歡的工作，每分每秒都為之厭惡，即使只是一小時的工作也都非常漫長。但若是我們喜歡的事，我們能從中得到極大快樂的事〔，則情況將有所不同，例如〕，我們可以整晚跳舞卻不感覺那麼疲累；但若是被迫跳舞，即使只是一小時都可能會對跳舞這件事感到憎恨。我們所需要的，即是對修持佛法帶有喜悅，為我們所做的感到歡欣。這是有可能的，而且將會發生。如此的喜悅來自於了解佛法的價值，了解修持的利益，以及了解縱然只是短時間修持也有廣大的影響。一旦我們有這樣的珍惜之情，即便要花上一些時間修持，我們都會以相當大的喜悅而為。

所謂的精進、讓自己努力不懈，也與出離心有些關係。出離心也就是想要離於輪迴的願想。輪迴的根本原因在於執著自我的心態，從中而創造了貪、瞋、癡。佛法修持正是要

讓我們離於輪迴的根源。我們常聽到的例子包括：輪迴像是汙穢不堪的沼澤，而解脫則是令人愉悅的小島。想像一下，不單只是沼澤，裡面還滿是邪惡的生物，例如有毒的水蛇、鱷魚，水面上也浮著許多噁心的東西。當你遙望遠方，在那兒有一座林立著棕櫚樹與花園的美麗小島，而你四周卻是準備要吞噬你、殺害你的危險生物。就像身處於這樣的場景，即使只是一秒也不浪費，人們會馬上以最快的速度游向解脫之島！這個簡單的例子其實非常接近事實。我們不僅只是重視解脫的功德，同時也將我執與二元性視為讓自己更加纏縛於輪迴的根本原因，故而分分秒秒都不浪費。相反地，我們會帶著喜悅來修持能讓自己解脫的佛法。我們為此歡欣，出自於真誠與喜悅而開心地修持。因此，我們需要精進，而如此的精進帶有一種來自於歡欣與喜悅的穩定感。

我執的心態是一種根深蒂固的習氣。我們或許偶爾想要捨棄它，但這卻不是能自然發生的事。當修持佛法數個月或數年後，若想：「我還沒自由，我還沒解脫，修持是沒有用的。」這樣一點幫助也沒有。**我們必須精進不懈**。這並不是一件我們才剛開始做就能夠成就的小事。追求證悟與解脫是

一件大任務，是一件大工程。

　　這就像是戰爭，我們的敵人是我執。我們或許沒有注意到所有八萬四千個不同的敵人，但我們可以專注在最主要的六個。而我們能夠拿來反擊的武器，就是悲心以及契入無我的洞見。雖然這兩個幫手還沒那麼強壯，但我們的敵人或許也沒那麼猛銳，因此我們不應該輕易放棄。此刻，我們可能已經認出心的自性、俱生本智，它正是俱生覺性，也就是諸佛的覺醒境地，但我們仍然需要努力不懈。這樣的毅力是以正念的方式呈現，無論是刻意或無勤的正念皆然。剛開始時，我們需要刻意提起正念並提醒自己。這就好比開車，一開始我們不知道該把手放在哪兒、把腳踩在哪兒，每一步該做些什麼。我們可能會犯錯，此時我們需要持續地提醒自己該怎麼做。但練習一段時間以後這就變得越來越簡單，直到某一刻再也不需要那麼多的念頭，幾乎變得無需勤作。這個例子可用來說明無勤的正念。

　　剛開始時，需要刻意提醒自己認出心性，而當我們越來越熟稔於此，這樣的提示不用費力就會出現。到最後，當瑜伽士或瑜伽女，或稱男性修行者或女性修行者，徹底修習了

心性之後，就能在每次念頭生起時即刻將它認出。「念頭愈增，愈可照見法身」，如此的說法將在此刻成為事實。換句話說，每個念頭的來去都能揭示諸佛的覺醒境地。一旦修持到達這樣的程度，在五道十地上的進展將會變得如電光般迅疾。

在本書中，大圓滿的修習分為三個階段，分別是認出、圓滿修持力、證得穩固 ❺。首先，我們要真正地認出見地，也就是我們自心本性即為本初清淨。所謂「本具真如」代表的就是這個見地，其他令人印象深刻的類似說法還有法身、俱生覺性、俱生本智、佛心，以及本覺。

接下來則是要延伸這樣的認出，藉由修持使其增強。如我先前提過的，這裡的修持並不是一種禪修的行為，而更像是一種逐漸增加熟悉度的串習，以更有信心的方式增長對自性的嫻熟。教導說：「此為串習，而非禪修。」在此過程中，一開始我們需要提起正念，必須刻意地保持不放逸，需

---

❺ 參見大圓滿祖師噶拉多傑（極喜金剛）的《椎擊三要》教導：「直指本來面目，唯於此中決斷，對於解脫得把握」。此為敦珠貝瑪南嘉譯作。

要帶著明了與覺知，盡己所能地一次又一次地認出。

　　之後，這樣的刻意練習將變得無需勤作。在這個過程中，悲心、虔敬與勝觀的功德將開始日益顯現。除此之外，我執將變得越來越少，它們已無法控制你的注意力。而那些負面的特質，那些我們本身相續中不宜、不良的習氣，都將逐漸消失。相反地，那些善好的功德，如所有智、盡所有智、慈無量心、悲無量心等等，都會漸漸圓滿。

　　這些種種的證悟功德將日益顯現，直到最後行者證得了穩固。屆時，再也沒有任何提起正知正念的需要了，此刻將毫不離於本初的覺醒之心，即使是晝夜之間的任何一瞬，都不會丟失大圓滿的本初清淨見地。如此無有間斷的了悟，即是證得穩固，也被稱爲成就無上菩提圓滿佛果。

13

永恆假期

請讀者徹底了解，佛陀所宣說的乃是關於諸法真實樣貌的教導。當我們正確地親身實踐佛陀教言時，修持本身將能成為恆常快樂與幸福之源。想像一下，就在此生之內，我們能透過修持而減少自己的煩惱與我執。如果能不受困在繁多的煩惱當中，不就再好不過了嗎？我們勢必能更快樂、更喜悅，更容易感到自在。無論與誰相處，當連結貪、瞋、癡的我執變得更少，我們將變得更能和諧相處、更加珍惜對方，並且更能饒益他人。正如大家所知，一個隨和、放鬆、自在的人，儘管也許沒有實際幫助他人的行為，但光是此人的存在，就能讓人心懷感激，如此的同伴讓人為之欣喜。當你的心自在，你的言行也將自然而然地平和溫柔。相反地，若是與強烈受制於好勝、自負或其他我執煩惱的人相處，就令人相當困擾。

　　能為當下此刻、此生、臨終之際、〔死亡〕中陰時刻，以及來世投生都帶來真正助益的，就是真誠想要軟化自己僵固之心並使其更為柔和的希求。而暫時與恆長的利益，則特別來自於努力認出我們如滿願寶一般的心性，並於認出之外還努力修持心性且獲得穩固。

　　作為一位佛法修持的初學者，要在日常作息中融合空悲不二的見地、認出心性，也許不是容易的事。因此，**要挪出時間上座修持，薰習菩提心、慈愛，並認出真實見地**。座與座之間的時間，讓自己投入其他良善且有意義的活動，不要完全捨棄這些善行。每日的行住坐臥，我們**可以**提醒自己認出心的本性。儘管這有困難，但我們仍應努力保持慈愛、和藹、體貼，並且提起正念、盡心盡責。在任何時刻都讓心保持輕鬆自在且柔和，同時相應於世俗菩提心，也就是希求饒益與協助他人的祈願，並且要盡己所能而避免負面的態度。當我們如此而為，將能越來越接近誠摯且真實的修持，也就是越接近真實的菩薩胸懷。

　　此外也要提醒自己，一切的感知就如同夢境。透過這類模擬空性的念頭，我們便能更接近了悟一切諸法甚深空性的真實見地。此刻，我們的任何感知都是表相存在，是看似以相當堅實方式存在的幻相。然而當我們更進一步地觀察，則無法發現任何擁有獨立存在的事物。但同時它們又藉因緣和合而存在，因此仍然能被感知。這就是實相的**本貌**：儘管諸法表相上得以生起，且能藉由緣起相依而被感知，然而，一

切萬法之自性皆爲空，超越了生、住、滅。因此，偉大導師龍樹菩薩曾說：「**既然有爲法無法成立，又要如何證明無爲法存在？❶**」簡言之，我們所感知的一切，皆未擁有眞正的存在。

有爲或無爲、實有或非實有，這樣的詞彙通常與有形事物有關。虛空是無爲，非實有，非物質的。所知（被感知的對象）不擁有任何的眞實存在，至於能知（能知者的心），我們也同樣找不到任何的實存，它超越了生、住、滅。因此一切諸法、一切萬物都全然超越了戲論。**這就是諸法本來的樣貌**。三世一切諸佛皆因了悟實相本貌而獲得解脫；一切輪迴眾生則因未悟實相爲何，因此迷惑。

我們其實只有兩種選擇，解脫或是迷惑。迷惑的意思是，於**諸法本貌的實相**有所迷惑。一旦感知到外境，我們並非簡單地看著它，反而開始在心中編造或添加些什麼，**執持一個不存在的存在**。這個錯謬的結論相信有一個自我存在，

---

❶此段偈言為「有為法無故，何得有無為」。參見《中論》觀三相品第七，鳩摩羅什譯本。

有一個個人實體存在，但其實並不存在這樣的事物；同時此謬見也相信對境（客體）的存在，但並不存在這樣的眞實對境。這就名爲迷惑、錯謬。經部與續部都詳盡闡述了迷惑於最初時如何開始，以及解脫如何發生。因此，是迷惑，還是解脫，就造成了差異。

迷惑或完全解脫，此二者要如何發生，諸佛與往昔的大師們都曾以簡單的方式說明：「**心爲二障所遮即迷惑，離於二障即解脫。**」這也說明禪修爲何是重要的，禪修的目的是要離於二障，尤其是較微細的所知障。

修持的目標

我們應讓自己的心以無分別的禪修方式安住。舉例來說，大手印的意思是不作意。所謂的不作意，也就是不執持分別的心態，而分別的心態即爲念頭的來源。換句話說，這與允許自己一再分心的凡庸思惟方式大相逕庭。大手印與大圓滿見地的禪修並不只是企圖保持靜定，它代表的是無有執著。它與輪迴的狀態相反，也與分別心相違。這並不是想著什麼，而是要允許能思者的本質回到無分別念的本智。密

勒日巴曾說：「念念間隙中，險求無別智」。月稱論師也同樣在《入中論》提到：「**念頭止滅之際，法身將真實現前❷**」。

偉大祖師們皆同意一個要點，那就是：「**修持，是為了認出心之本性即無分別智**」。然而，修持不只是要認出心性，我們還需要對此認出獲得穩固。為了讓它變得穩固，我們必須反覆認出，再再而為。我們需要如此重複地認出，直到這個認出的力量能讓我們免於偏離本俱自性本身的相續。當我們無有渙散，心性相續完全無有中斷時，這就等同於真實圓滿佛果。

藏傳佛教的傳統是先聞、思，之後投入禪修，而我們一般學習的是佛教三乘的義理，如此學習的目的是要了解正確的見地。當行者具備正見且以此修持，其結果也會是圓滿的果。而為了要做修持，就必須完全通達諸法自性，亦即諸法本然，這也是當一位具德上師與一位具格弟子相遇時，他所

---

❷參見《入中論》：「盡焚所知如乾薪，諸佛法身最寂滅」。月稱論師造，法尊法師譯。

要傳遞的內容。當二者相互信任時，真實的教導就能被傳遞。弟子必須覺得自己能信任上師，而另一方面，上師也必須覺得自己能信任這位弟子。以這樣的相互信任為基礎，自性就能被指出，弟子將能真正地認出它，如此之自性可稱為大手印或大圓滿。一旦正確認出自性，之後就能以此修持並成為自己的親身體驗。藉由修持自性，將有機會在今生之中，以此人身獲得圓滿了悟的成就。

如我先前多次提過的，西藏的禪修傳承可分為兩種不同的修持方式，即學者之觀察修與簡單禪修者之安住修。透過這二種修持之一，或融合二者，將能夠確立一切諸法之真實自性為何。而學者禪修方式最為究竟的結果，即是要超越觀察分析。**佛法八萬四千法門之心要，在於了悟自心即為佛陀覺醒境地**。修持的目標即是要了悟這一點。我們可以透過修持而完全實證之。若未了知這個要點，則研讀佛法不過是一種資訊的蒐集，學習各種不同的分類與細節等等，並不足以成就證悟。

心性的空明

　　另一個我不斷提到的要點則是心性的空與明，其同時也是無爲的雙運。**無爲的空明雙運**，請讀者了解這個詞彙，並且一再地提醒自己。這一點非常重要，關鍵是要了知我們的心是自然爲空，且恆常爲空。它是本初的空。而與此同時，我們的心也是明，它能夠感知、能夠體驗。這個能夠體驗的能力也是本初的。空分與明分二者雙運合一，此二者無法被分離，它們無二無別。一切有爲法皆爲造作且終將壞滅，它們有生、有滅。但此空明雙運無生亦無滅，它是無爲的。

　　一旦了知我們的心體性爲空，自然而然就能使我們擁有的一切「常見」泯滅，消除我們心中執持某物爲恆常的信念。同時，藉由了知我們的自性是明，就能消除「斷見」；而了知空明的雙運則可消除二元性。這些要點都是極爲重要的，能讓我們免於落入「常」與「斷」的二種邊見，也可避免諸如心的自性有生有滅、心乃造作而成且終會壞滅的種種謬見。這一點甚爲重要，所以我認爲需要再次提醒。

　　此處還有另一個重點，亦即無論何時何地，面對何種情

境、自己所做何者，都能觸發我們內在的善或惡。因此我們**要持續不斷且一再重複地嘗試減少負面的心態，努力提升正面的態度**。若能如此，則面對沮喪、瞋怒或其他情緒煩擾時，將能保持正念，並讓自己平靜。讓自己平靜下來是一種基本的寂止修持，同時也有助於減少煩惱。然而，若要使負面的煩惱念頭完全消融，就要認出心的自性。此外，努力保持仁慈與悲心，也確實能讓我們的負面心態轉為正向。基本上，法門的種類繁多，只要是我們能力所及、方便行使、對自己有效的方法，我們都應當努力實踐。

我們必須幫自己一個忙，並且不再愚弄自己。實際上，我們得負責照顧自己，因此如果以我們的所為來抵擋自身的幸福，這就是個壞點子。那些為自身著想的人是睿智的，至於破壞自身機會的就是愚蠢至極。若為了自己好，應當盡最大努力改善你的身、語、意。相反地，你也能製造邪惡的身、語、意習氣來傷害你自己。

我們都想稍作休息，我們都想度假，我們都想自由自在，不是嗎？而當我們停下自己對事物的執取，心中毫無執著之時，那就是真正最好的休假、永恆的假期。

就在當下之際，我們都具有智慧、慈愛、堪能的潛質。而不幸的是，這些本具的智慧、慈愛、堪能的特質都受限於自私自利與暫時念頭的遮障，因而無法完全顯現。一旦淨除二種暫時遮障，這些智慧、慈愛、堪能的潛質將能隨之顯露。

　　現在的情勢對我們非常有利，我們身處於極為幸運的狀況中。由於身而為人，我們能夠遇見許多偉大導師。除此之外，還有許許多多的甚深教導能讓我們選擇，我們有機會能挑到萬中選一的教導並以此修持。這就好比我們已經來到不斷相續投生的交叉路口，我們現在的作為將會決定自己未來的去向。無論是向上或向下，我們現在都能選擇自己想要的去處。請做出睿智的決定。

　　也請讀者了解，若要契入甚深空性之見地、大手印與大圓滿之見地，的確需要靠我們自身有所努力。它不會無勤、自然或任運地發生，而是需要努力讓自己處在當下、提起正念，提醒自己如何認出它。這也正是精進的含義。剛開始我們需要精進不懈，而且也因為我們對自己一次又一次地提醒，這個提示終將變成無須勤作。幸運的是，隨著我們對空

性見地的修習增長，就能更簡單、更容易地認出見地並保任它，同時我們對修持的喜悅與歡欣也會變得越來越強烈。

弟子：走在正確的修持道途上，會有那些徵相呢？

仁波切：有句名言說：「**寧靜調柔為聞法之標誌，煩惱微少為禪修之標誌。**」當我們發現自己越來越不受煩惱干擾、瞋心較減、貪著較少，較不驕傲、較不好勝等等，此時我們的禪修已有所進展。無論我們做何種修持，它都明顯地正在往正確的方向邁進。相反地，如果我們以為自己在修持大手印或大圓滿，認為自己是高階的修行者，但自己卻更為僵固、憤怒、自負，滿是缺點，這時我們最好要回頭向上師請益。我們可能誤解了修持的方法，或是有其他須再調整的部分。

佛陀的一切教言，都是為了讓有情眾生相續中的八萬四千種煩惱得以軟化並治癒。我們已經明白這一點。然而，倘若只是了知仍然不足，我們必須讓它滲入己心，並於生活中實踐。

弟子：我們應如何正確培養菩提心，而不僅只是當成一

個美好的概念？

仁波切：菩提心分為世俗或相對菩提心，以及勝義或究竟菩提心此二種，之所以用這兩種方式宣說菩提心，是有其道理的。相對菩提心的態度是一種非常清淨的態度、非常良善的心，它是帶有分別的悲心。究竟菩提心則是遍滿正見的悲心，是離於分別的。有分別的信心與悲心是一種受限制且非恆常的念頭狀態，這些感覺依附於我們對**某種事物**的念頭。念頭是由心造作而成，所以它是不穩定、不持續，也不可靠的。而這樣帶有分別的信心與悲心，打從定義上就是侷限的，它是有限的、是排他的。

而我們真正需要的，則是無有限制、無有偏私的虔敬與悲心。我們必須要有這樣超越念頭、由真實洞見所攝持的虔敬與悲心。這正是我們如此不可思議之自性所擁有的功德。自性的其他功德還包含了無有阻礙的事業、如所有智，與盡所有智。所謂「認出本具真如之見地」也具備了一個自然的功德，也就是無有偏私、離於期待和恐懼的悲心。

弟子：不涉入念頭是一種作為，或是無作？

　　仁波切：讓自己不涉入念頭，這可以用許多方式來理解。如果只是保持沒有念頭，在沒有形成念頭的狀態中修持，這樣還不夠好。如此修持的行者可以成功地投生爲天界中某種特定的天神，但這樣並不夠好。這正是我爲什麼將究竟境地稱爲**無分別念的本智**，而不只是無念頭的狀態。佛教的形而上學說明了感官知覺如何發生，而眼、耳、鼻、舌、身這五根，它們本來就是無分別念的狀態。每一個感知都是能覺知但無分別的事件。然而如此提起正念而不分別種種感官印象（觸），只保持這個狀態，仍然不夠好。與其僅只保持無分別或沒有念頭的狀態，眞正能認出**無分別念本智**的機會，就在介於兩個念頭之間的間隙當中，它是不分別三輪的本智。否則，我們將會持續受困於執持能知、所知二元性的正念之中。

　　我們必須有認出心性的體驗，認出我們不可思議的本俱自性。而這樣的體驗，發生於能體驗者（能）與所體驗之對境（所）皆無的狀況下。我們的覺醒自性，它並不分別能作、所作，與作的行爲，必須離於能體驗者與所體驗之對境，才能體驗到如此的自性。爲了讓這一切發生，我們需要

放下執取，我們必須無執。若是執持其他新的對境，是無法有所幫助的。

弟子：可否請您再更完整地描述放下的過程？

仁波切：一般的執著就是執著，企圖不要執著也是執著。禪修者在這裡有個根本的問題，也就是「我不應該執著」的念頭。我們也許一直持有這樣的念頭，而這不過是另一種的執著。我提過好幾次兩種不同的禪修方式，一種是學者式，另一種是簡單禪修者的方式。在學者的觀察修方式中，我們運用自己的智慧來試著決定諸法真實為何，探究諸法的究竟與真實自性。我們再三檢視，益加深入，直到某一刻，我們坦然地失去了能夠適切描述實相為何的文字與概念。**諸法為何的實相，它本身超越了文字與概念。**究竟上，佛教學者需要獲得真正的見地，也就是完全離於任何哲學立場的主張。這也是為何有句名言是這樣說的：「**離於一切宗義，無以犯下過失。**」換句話說，此見地沒有任何主張，因此它是無有過失的。

簡單修行者的方式，則是藉由修持來達到對念頭的不涉

入。你也可以於虔敬或悲心生起的片刻放下。「**慈心生起之刻，空性赤裸顯現**」。同樣地，空的體性也能在極大恐懼當中昭然現起。無論是在憤怒、欲望或任何其他心的狀態中，都有機會在這些念頭裡認出此一體性。而同時，我們也必須非常謹慎檢視，空的體性在昏沉中是否能赤裸顯現。

竅訣傳承告訴我們：「**切斷能見所見之繫縛**」。只要我們仍然不斷生起念頭，想著且辨別自己感知的對境，此繫縛將永遠不會中止。相反地，與其對自己的體驗產生更多的念頭，我們要**認出能體驗的心**。當我們認出這個能感知的心，它的本質為何，這一刻如是安住於無造作的本然，那便是百分之百的無造作、百分之百的本然。在此瞬間，能知與所知的繫縛將自然地、完全地、百分之百地中斷。這並不是對**什麼禪修**，你的心什麼都不必做。正如彌勒菩薩著名的偈言所說，

> 於此無有所執與所斷，
> 真實識得此一真實義，
> 見真義故得究竟解脫。

我要重申幾件事以作爲總結。佛陀一切教言之心要，就是要了悟心的自性。而心的自性是無爲的空明雙運，它有大中觀、大手印，與大圓滿等的不同名字。認出心性並增長對此的嫻熟度，我們將對認出心性證得穩固。這就是眞實佛陀，而妄念、業與煩惱之根源，此刻皆已斷除。

首先，我們必須認出它，我們需要完全地、眞實地認出這個無爲的空明雙運。空的意思是它並非由任何實質物體、相狀、形色所構成，連一粒微塵都不含括其中。明則代表了它同時又有了知的能力，能夠感知一切。而此空與明二者不可分離，它們是無別的雙運。而此雙運也是無爲的，它無生、無住，亦無滅。佛陀稱之爲「甚深、寂靜、離戲、無爲，光明的智慧」。

一旦臻至穩固，此刻將再也沒有需要修持的了。所謂的眞實穩固是指，永遠再也不會離於此無爲空明雙運之相續。蓮花生大士將此描述爲：「**一粒微塵也不爲禪修所依，一刻須臾也無有絲毫渙散**」。在心性之中，沒有什麼需要以禪修的行爲而修習的，也沒有需要作意。我們需要的是不分心渙散而離於此無修之狀態。

　　對初學者而言，認出此空明雙運的時間無法持續太久，這沒有關係。若是長時間保持一種被二元執取所染的狀態，那就不是真實的了。純正與真實的，才是我們所需要的，因此要**時間短而次數多**。坦白說，時間是長是短其實並不重要，我們應當要簡單地任其自然延續。人為地延長或是縮短這段期間，並不是我們該做的事。

　　我們也需要出離心，在本書中，出離心的意思是要出離未了知的狀態，因為此狀態與我們的自性相違。**我們必須離於二元性的無明執著**。為了於此有所進展，我們便需要信心與淨觀，這是指對無二本智的信心與淨觀。而這在哪裡呢？就在我們自心的本性中。當我們懷著全然的真摯，實際擁有如此的信心與淨觀時，要提醒自己認出心性就會變得非常容易。除了出離心、信心，與淨觀之外，我們還需要**精進不懈**。一般來說，這是指心的精進，然而，在本書中，「憶念」或「正念」是要以這樣的想法提醒自己：「我必須認出心的本性、俱生的本智」。

　　剛開始時，這個提示在我們上座禪修時，在安靜、僻靜的處所中比較容易做到。閉關時，因為沒多少消遣、不那麼

懶散，因此比較容易修持。而隨著我們越來越熟稔於刻意提醒自己認出此覺醒狀態，事情會變得更為簡單，以致最後它將自然發生。無須企圖，也不必強迫自己處於自性之中，它就只是發生了。一旦這樣無勤作的提示在上座時發生，它也很可能將在日常作息中發生，此時我們就能將修持與日常生活融合。要提醒自己認出心性，當我們以此修持時，將有某個時刻，**每個念頭的來去都成為認出心性的機會**。於這一刻到來時，自然而然地，念頭在生起之瞬也立即解脫。

最後，無論我們是修持大手印或大圓滿的行者，都有些共通的要點能讓我們免於落入錯謬的道途。這些也能有助於證悟功德的顯現，確保我們能相當迅速地進展。這些要點就是**慈愛、悲心、信任與淨觀**。請將它們牢記在心。

千佛寺──
一份吉祥的真、善、美福報

　　位於尼泊爾南部的藍毗尼，是悉達多太子的誕生祥地。悉達多太子證道後，世人尊稱他爲「釋迦牟尼佛」。 釋迦牟尼佛是現今賢劫千佛中的第四尊佛，而藍毗尼則是賢劫千佛的共同誕生地。藍毗尼是佛教的發源地，也是佛教徒最爲重要的朝聖地之一。一九九七年，藍毗尼被聯合國教科文組織認證爲「世界文化遺產」之一。

　　二十世紀藏傳佛教著名的禪修大師──至尊祖古·烏金仁波切在涅槃的前一年，對兒子確吉·尼瑪仁波切道出遺願：如果能在藍毗尼建一所大寺院，就實在是太殊勝了。

　　在確吉·尼瑪仁波切的親自督導之下，「帕爾土登謝珠林寺」、又名「千佛寺」，於二〇〇九年開始興建。寺院所在位置距離釋迦牟尼佛誕生地不到一公里。這座爲後代萬世佛子所設立的珍貴道場，將成爲未來聞思與修行佛法的重要法座。

　　千佛寺的設計採用傳統藏傳佛教風格，五層樓高的結構反映了佛陀悟道的三身。第一層將供奉三尊大佛，各有七點六公尺高，代表了過去、現在和未來的三世佛，同時還將供奉一千尊四十六公分高的佛像，代表了現今賢劫的千佛。第二層將供奉大悲觀世音菩薩以及八大菩薩；第三層將供奉阿彌陀佛，以及一間設有收藏巴利文、梵文、藏文、中文、蒙古文以及其他語文的佛教典籍的圖書館。同時，還有十六羅漢，二十一度母以及蓮花生大士的聖像也將供奉寺中。

如今，千佛寺的建設仍在如火如荼地進行中。在歷經二〇一五年尼泊爾大地震等種種艱辛考驗之後，在世界各國善心人士的大力護持之下，目前寺院主體結構已經全部完成，現正進入內部裝修與裝飾階段，並預計於二〇二一年竣工。

千佛寺建成之後，將會極大利益到前去藍毗尼參訪的每一位信眾和遊客——在千佛寺做一個頂禮，即向賢劫千佛頂禮；在千佛寺供養一枝鮮花，即向賢劫千佛供花……，如此所積聚的福德利益是無法估量的。

因此，確吉·尼瑪仁波切總是提醒信眾：「建造千佛寺，不是為了你，也不是為了我，而是為了大眾，為了這個世界以及世世代代的後人。」

現在，我們誠邀您與所有善心人士一起，共同為千佛寺的建設作出貢獻。參與護持建造佛陀之身、語、意的象徵，將有助於我們實現此生的願望，並在我們的心中播下解脫的種子。

您願意與我們齊心協力建成這座殊勝的千佛寺嗎？

• 參與護持千佛寺的建設，請瀏覽以下網站：
www.dharmasunasia.org

• 聯繫郵箱：1000buddhatemple@dharmasunasia.org

橡樹林文化 ❖❖ 蓮師文集系列 ❖❖ 書目

JA0001	空行法教	伊喜・措嘉佛母輯錄付藏	260 元
JA0002	蓮師傳	伊喜・措嘉記錄撰寫	380 元
JA0003	蓮師心要建言	艾瑞克・貝瑪・昆桑◎藏譯英	350 元
JA0004	白蓮花	蔣貢米龐仁波切◎著	260 元
JA0005	松嶺寶藏	蓮花生大士◎著	330 元
JA0006	自然解脫	蓮花生大士◎著	400 元
JA0007/8	智慧之光 1/2	根本文◎蓮花生大士／釋論◎蔣貢・康楚	799 元
JA0009	障礙遍除：蓮師心要修持	蓮花生大士◎著	450 元

橡樹林文化 ❖❖ 朝聖系列 ❖❖ 書目

JK0001	五台山與大圓滿：文殊道場朝聖指南	菩提洲◎著	500 元
JK0002	蓮師在西藏：大藏區蓮師聖地巡禮	邱常梵◎著	700 元
JK0003	觀音在西藏：遇見世間最美麗的佛菩薩	邱常梵◎著	700 元

橡樹林文化 ❖❖ 圖解佛學系列 ❖❖ 書目

| JL0001 | 圖解西藏生死書 | 張宏實◎著 | 420 元 |
| JL0002 | 圖解佛教八識 | 洪朝吉◎著 | 260 元 |

善知識系列　JB0139

當下了然智慧：無分別智禪修指南

作　　　者／確吉·尼瑪仁波切（Chökyi Nyima Rinpoche）
中　　　譯／普賢法譯小組
責 任 編 輯／汪姿郡
業　　　務／顏宏紋

總　編　輯／張嘉芳
出　　　版／橡樹林文化
　　　　　　城邦文化事業股份有限公司
　　　　　　104 台北市民生東路二段 141 號 5 樓
　　　　　　電話：(02)2500-7696　傳眞：(02)2500-1951
發　　　行／英屬蓋曼群島商家庭傳媒股份有限公司城邦分公司
　　　　　　104 台北市中山區民生東路二段 141 號 2 樓
　　　　　　客服服務專線：(02)25007718；25001991
　　　　　　24 小時傳眞專線：(02)25001990；25001991
　　　　　　服務時間：週一至週五上午 09:30 ～ 12:00；下午 13:30 ～ 17:00
　　　　　　劃撥帳號：19863813　戶名：書虫股份有限公司
　　　　　　讀者服務信箱：service@readingclub.com.tw
香港發行所／城邦（香港）出版集團有限公司
　　　　　　香港灣仔駱克道 193 號東超商業中心 1 樓
　　　　　　電話：(852)25086231　傳眞：(852)25789337
　　　　　　Email: hkcite@biznetvigator.com
馬新發行所／城邦（馬新）出版集團【Cité (M) Sdn.Bhd. (458372 U)】
　　　　　　41, Jalan Radin Anum, Bandar Baru Sri Petaling,
　　　　　　57000 Kuala Lumpur, Malaysia.
　　　　　　電話：(603) 90578822　傳眞：(603) 90576622
　　　　　　Email：cite@cite.com.my

封面設計／兩棵酸梅
內頁排版／歐陽碧智
印　　刷／韋懋實業有限公司

初版一刷／ 2019 年 12 月
ISBN ／ 978-986-97998-6-7
定價／ 360 元

城邦讀書花園
www.cite.com.tw

版權所有·翻印必究（Printed in Taiwan）
缺頁或破損請寄回更換

國家圖書館出版品預行編目（CIP）資料

當下了然智慧：無分別智禪修指南 / 確吉尼瑪仁波
切著；艾瑞克·貝瑪·昆桑（Erik Pema Kunsang）
藏英譯. -- 初版. -- 臺北市：橡樹林文化，城邦文
化出版：家庭傳媒城邦分公司發行，2019.12
　　面；　公分. --（善知識；JB0139）
譯自：Present fresh wakefulness : a meditation
　　　manual on nonconceptual wisdom
ISBN 978-986-97998-6-7（平裝）

1. 藏傳佛教　2. 佛教修持

226.965　　　　　　　　　　　　　108018260

104 台北市中山區民生東路二段 141 號 5 樓

城邦文化事業股份有限公司
橡樹林出版事業部　收

請沿虛線剪下對折裝訂寄回，謝謝！

|橡|樹|林|

書名：當下了然智慧：無分別智禪修指南　書號：JB0139

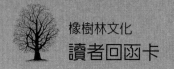

橡樹林文化
讀者回函卡

感謝您對橡樹林出版社之支持，請將您的建議提供給我們參考與改進；請別忘了給我們一些鼓勵，我們會更加努力，出版好書與您結緣。

姓名：_____ □女 □男　生日：西元_____年

Email：_____

● 您從何處知道此書？

　□書店　□書訊　□書評　□報紙　□廣播　□網路　□廣告 DM

　□親友介紹　□橡樹林電子報　□其他_____

● 您以何種方式購買本書？

　□誠品書店　□誠品網路書店　□金石堂書店　□金石堂網路書店

　□博客來網路書店　□其他_____

● 您希望我們未來出版哪一種主題的書？（可複選）

　□佛法生活應用　□教理　□實修法門介紹　□大師開示　□大師傳記

　□佛教圖解百科　□其他_____

● 您對本書的建議：

_____

_____

_____

我已經完全了解左述內容，並同意本人資料依上述範圍內使用。

_____（簽名）

處理佛書的方式

　　佛書內含佛陀的法教，能令我們免於投生惡道，並且為我們指出解脫之道。因此，我們應當對佛書恭敬，不將它放置於地上、座位或是走道上，也不應跨過。搬運佛書時，要妥善地包好、保護好。放置佛書時，應放在乾淨的高處，與其他一般的物品區分開來。

　　若是需要處理掉不用的佛書，就必須小心謹慎地將它們燒掉，而不是丟棄在垃圾堆當中。焚燒佛書前，最好先唸一段祈願文或是咒語，例如唵（OM）、啊（AH）、吽（HUNG），然後觀想被焚燒的佛書中的文字融入「啊」字，接著「啊」字融入你自身，之後才開始焚燒。

　　這些處理方式也同樣適用於佛教藝術品，以及其他宗教教法的文字記錄與藝術品。

ཨེ་གོ་ཉེ་ཤུ་རྩ་དྲུག་པ་འདི་དཔེ་ཆའི་ནང་དུ་བཞག་ན་དཔེ་ཆ་དེ་ཅི་འདྲར་
བགྲོམས་ཀྱང་ཉེས་པ་མི་འབྱུང་བར་འཛམ་དཔལ་རྩ་རྒྱུད་ལས་གསུངས་སོ། །

此咒置經書中　可滅誤跨之罪